自分らしい人生のための働き方・生き方

充実した
キャリアを叶える
50のヒント

松岡澄江 著

セルバ出版

まえがき

人生を自分らしく生きたいという想い、よりよい人生を過ごしたいという想い。でも、今の自分はこのままでいいのかな？　という不安も同時に抱えていませんか？

自分らしい働き方や生き方は、学校では教えてもらえませんでした。大人になって働き始めてから、悩んだり迷ったりしながら自分らしい人生を創っていくのだと感じています。ちょっとでもそんな想いにヒントになることが伝えられたら、と思いキャリアカウンセラーとして、よりよいキャリアを創るお手伝いをしています。

仕事だけではなく人生の生き方全体を「キャリア」といいます。

私は「なぜ生きるのか？」と聞かれれば、「よりよい時間を積み重ねる」ためではないかと考えています。そして、その「よりよい」が人それぞれ違うのです。自分にとっての「よりよい時間」って何だろう？　それをどうしたら増やせるだろう？　と考えるのがキャリアデザインです。

これからは人生１００年時代、男性も女性もかつての日本が経験したことがないほど、長く働くことが求められる時代が目の前にきています。その長い「人生の時間」をどう「よりよい時間」として過ごすか？　自分らしい人生にできるのか？　を考えて、変化の激しい時代のニーズを捉えて、自分で自分の人生を切り拓いていくことが大切になっています。

キャリアカウンセリングの中で、「やりたいことがわからない」「自分に今の仕事が合っているのだろうか？」「いい仕事に出会いたい」という悩みを聴いてきました。

どこかの誰かが「これがあなたに合っている仕事だよ」と教えてくれるのなら、悩みは少し軽くなるのかもしれませんが、それは自分が見出していかなければ、本来の自分にとっての充実した楽しい「よりよい時間」にはなりません。

人はそれぞれ、好きなことも、興味があることも、得意なことも、考え方も違います。

人生の中の「働く時間」や「生活する時間」を、自分らしく、楽しくするにはどうしたらいいのか？

本書では、自分で簡単にできるワークを通して自分らしさを見出すことや、これまでのキャリアカウンセリングでの事例から働き方や心の持ち方、生活面などのヒントをたくさん掲載しています。ワークで自己分析したり事例を読んでいただきながら「自分らしさ」を発見できるように構成しています。あなたがあなたらしく充実した人生を生きるために、仕事や生活を考えていくヒントをお伝えしていきたいと思います。

自分らしい働き方や生き方を探している女性が、本書を参考に、「今、何を考えればいいのか？」を発見していただければとてもうれしいです。

２０１８年８月

松岡　澄江

自分らしい人生のための働き方・生き方〜充実したキャリアを叶える50のヒント〜　目次

第3章　ワーク・ライフ・バランスのための10のヒント

第4章　心が元気でいるための10のヒント

第1章

自分らしく生きるための10のヒント

「キャリア」という言葉を聞くと、仕事上の華々しい経歴や専門的なスキル、バリバリ仕事をする上昇志向のエリートなどを想像する方も多いのですが、本来は「人生」そのものを意味する言葉です。キャリアはその人の人生の軌跡です。

どんな働き方をしたいのか？　生き方をしたいのか？　それを考えるのがキャリアデザインです。自分らしく働き、自分らしく生きるためにどんなことをデザインしたらいいのでしょう？　そのヒントをお伝えします。

1　キャリアって自分らしい生き方のこと

・どんな人生の時間を過ごしたい？

「あなたはどんな人生を送りたいと思いますか？」

苦しんで生きるより、誰もが「よりよい人生を送りたい」と思っていると思います。私ももちろんそう思っています。

キャリアの理論家エドガー・シャインは、「キャリアとは、生涯を通しての人間の生き方・表現である」と言いました。「表現」と聞くと、何かとてもクリエイティブなことを想像するかもしれません。絵を描くとか文章を書くとか、今の時代だったらYouTubeで映像を公開するとか。今はSNSが発達して、多くの人が発信できる時代になりました。写真や映像で今日あったことをSNSに投稿して、「いいね」をもらうとうれしくなったりしますね。確かにそれも「表現」です。ただ、ここでいう「表現」は、もっと日常的なことをいっていると私は思っています。寝て起きて食べて着て、働いて楽しんで、人と出会って・・・そういった日々の行動にこそ、その人の生き方が現れる、その人の「表現」だと感じます。

1人の時間も、誰かと一緒の時間も、働いている時間も、くつろいでいる時間も、大切な人生の一部。毎日どんな時間を過ごすのか？　どんな想いで過ごすのか？　その日々の時間の積み重ねが人生です。せっかくの時間なら、よりよい時間にしたいですよね。

どんな時間を積み重ねたいですか？　どんな生き方をしたいですか？　どんなふうにありたいですか？

それを考えることがキャリアを考えること。自分の人生を自らデザインしていくことにつながります。本書で自分らしいキャリアを一緒に考えていきましょう！

・人生に大きな影響を与える「働く時間」

人生１００年時代といわれています。これからを生きる人は、とても長い人生を過ごすことになります。人にもよりますが、20歳前後で社会人として働き始め65歳～70歳頃までは何らかの仕事についていく人が多くなっていきます。

中でも現代は、女性でも出産や子育てを経験しながら働き続ける人が増えています。産休や育休を取得して一時的なリタイアがあったとしても、40～45年ぐらいは働くことになります。

人生の3分の1は睡眠時間だといわれます。残りの3分の2は起きている時間だとして、週5日、7～8時間の勤務、通勤時間も含めれば私たちは長時間働くことに関わり続けていきます。長い人生の中でも、仕事に費やす時間の割合はとても大きく、その時間の満足度は人生全体に大きな影響を与えていきます。

あなたは、今、仕事に満足感を得られているでしょうか？

人生に大きな影響を与える「働く時間」を充実した時間にするために、今、自分ができることはどんなことでしょう？

例えば、資格取得のために学ぶ、就職する、転職する、独立する、起業する、等のいろいろな選択肢があります。すぐに行動に移って、今すぐ状況を変えたい！　という方もいるかもしれませんが、少しだけ立ち止まって考えてみてください。

やりたいことを見つけるために必要なのは、まず知っていることを増やすことです。やりたいことは知っていることの中からしか生まれません。キャリアカウンセリングで就職・転職相談をお受けしてきた中で感じるのは、自分が知っている範囲や友人・知人からの話だけで自分の方向性を決めようとしている方がとても多いということです。

本書を手に取っていただいた方には、少しだけ自分のために時間をつくって、しっかり「今」の自分を知ってもらいたいと思います。変化を起こすために、「今、ここ」の自分を分析することで次の行動の原動力になっていきます。

2　人生は何かを選びながら紡いでいく

・選んできたことが自分らしさをつくる

私はよくキャリアカウンセリングの中でこんな問いかけをします。

「人は、何かを選びながら生きています。生きることは選ぶことだと思いますよ。ご自身ではどんなことを選んできましたか？」

少なくとも子ども時代は、家族や周囲が選んだことに対して比較的従順に生きてきました。赤ちゃんの頃は、暑い・寒い・不快を泣くことで表現してはいましたが、着せられるものや食べ物は家族から与えられたものだったはずです。それが少し大きくなると、保育園や幼稚園に通って仲良しの友達ができたり、食べ物の好き嫌いができたりしますが、まだ家庭の環境に左右されていることが多いと思います。小学校に入ると毎日学校に行って、時間割通りに学び、テストでは目標の点数があって、夏休みは宿題が出て、何かを提出する期限が決まっていたり、休日の予定は家族と一緒に過ごしたりします。

さらに年齢を重ねる中学生や高校生になると、これまでひかれたレールに乗って過ごしてきた時間を、少しずつ自分の意思で選ぶようになってきます。いつも一緒にいる友達が決まってきたり、好きな音楽や映画、好きなアーティストができたり、好みのファッションや食べ物が明確になったり、進路を考える際に行きたい学校を考えたり。自分で選ぶ経験を少しずつ重ねていきます。

選ぶということは、当然選ばなかった道もあるということですね。そうやって個性が育まれていくのだと思います。

無意識でも意識的にも、自分で何かを選びながら時間を重ねて今があります。選ぶことは人それぞれ違います。同じように成長してきた兄弟姉妹でも個性が出てきます。私の2人の娘も性格は本当に違います。同じ母の元に生まれ育ったけど、それぞれ感じることが違ったり、選んだこと・選ばなかったことが違うことも影響するのかなと感じています。

・成長してから選んできたこと

大学や専門学校で何を学んできたのか？　どんなアルバイトを経験してきたのか？　どんな人と一緒に過ごし、どんな将来を描いたのか？　同じような時間を過ごしているようにみえる人でも、1人ひとり違いがあります。

その違いを一番初めに感じるのは、就職活動ではないでしょうか？　ある学生は不動産業界を目指すといい、ある学生は金融業界に興味があるという。ホテルや観光などの接客サービス業を目指す人もいれば、特に何も目指すものがないという人もいます。中には自分で選ぶことをあきらめて友達と同じ企業ばかりを受けている学生もいます。社会人のスタートになる就職を考えるとき、今まで以上に「選ぶ」という意識を強く持たなくてはならなかったと思います。

この道を選ぶほうがいいと誰かが言ってくれるのであれば、就職活動もとてもラクなのですが、それがわからないからみんな悩んだり不安に感じたりします。

「私に合う仕事はないですか？」

そんなふうに相談に来る学生もいます。自分に合う仕事が見えていたり、誰かに教えてもらえるならこんなに悩まないのに、それがわからない。とっても不安ですよね。

そういうとき、やっぱり私はその学生が選んできたことを教えてもらうようにしています。何を楽しいと感じてそのアルバイトをしているのか？　どんなことを期待して大学を選んだのか？　一番楽しい時間はどんな時か？

「キャリアは生き方・表現」だと先に書きましたが、まさにその人が選んで行動してきたことにヒントがあると思います。

あなたはどんなことを選んで生きてきたのでしょう？　時に立ち止まってそれを考えることで、自分らしさが見えてきます。

3　節目で立ち止まって考える

・予期しない転機と自分が決断する転機

節目とは、ものごとの区切りを指す言葉です。人生には、大小さまざまですが、何度も「節目」があります。

人によっては、20歳、30歳、40歳などの年齢的な区切りを節目ととらえることもありますし、進学や就職、結婚や出産、転居など人生の中で大きなイベントを節目として考えることもあります。

私たちキャリアカウンセラーがいう「人生の節目」とは、その人のキャリアにおいて何か大きな環境変化が起こったりその後の人生を変えるような出来事があったりしたときを指します。「転機」

と表現することもあります。

転機の時って、なんだかわからないうちに大きな流れに巻き込まれているような感覚になることもあります。良いこともあれば、悪いことも起こります。

私にとっての人生の最初の転機は、8歳の時の父の死でした。家計を支えていた父が他界したことで、専業主婦だった母が働きに出ることになって、それまで比較的のほほんと生きてきた子どもだった私は、急に家事全般の手伝いをすることになります。小学校高学年からは家事は私の担当として定着しました。中学に入ると学校の帰りに買い物をして夕食をつくる日々。友達と放課後を楽しく過ごした思い出はあまり多くありません。

次の転機は16歳の時。働き者だった母が病気を患って長く療養し、その後亡くなったことです。否応なく自立することになり、1つ年上の兄と2人の生活になりました。経済的にも厳しい暮らしの中で望んでいた進学は叶うことは難しく、高校卒業後すぐに就職をします。

家族の死や病気、自身の失業や病気など、自分の意思とは関係なく予期していないで起こった転機であっても、その後の人生を大きく変えていくことになるのです。

私にはその後も何度かの人生の転機がありました。就職、結婚、娘2人を出産、離婚、転職、独立、このほかにも数回の転居など、大きな環境変化を何度も経験しています。私をよく知る友人からは、「まったく転機のデパートみたいな人生だよね」なんていわれることもあります。私自身もそう思います。

私の人生に起こった転機の数々。もちろん予期せぬこともありましたが、その中でも自分がその都度何らかの決断をして選択してきたから今があるのだと思っています。

自分に起こる転機、自分が起こす転機。その出来事を節目にして、「私は、今まで何を得てこれから何をしたいのか?」「どう生きたいのか?」「どうありたいのか?」を自分に問いかけて、道を選んできました。

きっとあなたの人生にも、いろんな転機が起こってきたはずです。これまでどんな転機に、何を選んできたのか?　それを考えるのも自分らしさを知る機会になります。

・転機をどう乗り越える?

キャリア理論家のナンシー・シュロスバーグは「転機の乗り越え方」には4つのSが重要だと言いました。4つのSとは、①Situation（状況）、②Self（自己）、③Supports（支援）、④Strategies（戦略）の単語の頭文字のことです。

転機を乗り越えるためには、状況をしっかり客観的に捉えていくこと、自分自身をしっかり分析すること、自分の周囲にどんな支援があるのかを把握すること、そして乗り切るための戦略を立てることが重要です。

転機と感じたときに、一度立ち止まって今、ここにいる自分が「何ができて、何を大切にしていきたいのか?」を考える時間を持つことがその後のキャリアに影響を与えます。なんらかの転機が起こったときや節目と感じたときが、自分らしいキャリアを生きる道を知る絶好のタイミングなのです。一度立ち止まって、しっかり自分を見つめる時間を大切にしてくださいね。

4 人生は予測できないからおもしろい

・偶然は突然やってくる

人は、自分の人生は自分で生きていると思っているものですが、実は偶然の出来事もかなり影響していることがあります。人との出会いもまさにそんな偶然の出来事の1つかもしれませんね。

思い返せば、私が高校を卒業し経済的な理由で進学をあきらめ就職しようとしたとき、まさにその後の人生に影響を与える偶然の出来事が起こりました。高校の教頭先生が、私が希望する出版業界に近い企業を紹介してくれたのです。今もそうですが、当時も高卒で出版社に入れるものではありませんでした。ある業界紙を発行している企業の社長と教頭先生が大学の先輩後輩の間柄で、私を紹介してくれたのです。採用試験を受けて、私はその企業に入社することができました。今考えても、本当にありがたい出来事でした。

とはいえ、入社してすぐの配属は総務部での事務職でした。希望した業界に入れても、希望した仕事につけるわけではないものです。ただ、そのときの私は働けるだけでもありがたいと思っていたので、まずは仕事を覚えようと一生懸命に取り組みました。その後数か月で総務事務から秘書室に異動になります。そこで副社長秘書としてしばらく仕事をするのですが、ある日何気ない副社長との会話の中で「あなたは何がしたいの？」と聞かれ、「将来は出版の仕事を目指しています、雑誌の編集がやってみたいです」と、自分が出版の仕事を希望していることを直接伝えることができました。

そのときはそれで会話は終了したのですが、その半年後、欠員が出た出版部へ異動が告げられます。「秘書でいて欲しいけど、あなたの希望も知っているから行って勉強してきなさい」そう副社長から言われました。何気ない偶然の会話が、また私の人生を変えていくのです。

このほかにも、私にとっての偶然の出来事についてよく研修でお話することがあります。「この場に立ってキャリアを伝える仕事をしているのは、ある偶然の出来事からでした」と話し始めると、みなさん興味を持って聞いてくださいます。何度かの転職の後、ＷＥＢ制作会社で会社員として仕事をしていた私が、キャリアカウンセラーとして相談や研修講師をするようになるきっかけのお話です。これまで比較的クリエイティブな職業にいた私とキャリアカウンセラーという仕事が関連性がないと思われる方も多いのか、よく「どうつながるのですか？」と聞かれます。このキャリアチェンジにも、偶然の出来事が存在しています。

当時、ＷＥＢ制作会社で事業部長という役職を担っていた私は、日々部下の成長や彼らの今後のキャリアについての悩みを抱えていました。ある日、打合せの予定が変更になって時間ができたので、思い切って外出し、日頃の悩みになんらかの解決の糸口を見つけるための情報が欲しくて、たまた開催していた人事系の展示会を見に行きます。そこでセミナーに参加したのですが、登壇していた方が「キャリアカウンセラー」を名乗っていました。その肩書を見た私は、セミナーの内容よりもその職業へロックオンしてしまったのです。

その仕事は何？　どんな勉強をしたらなれるのだろう？

帰宅して、すぐに調べて説明会を申込み、資格取得のための行動に出ます。そして約1年後、私はキャリアカウンセラーの資格を手にすることになるのです。あの日、打合せが予定通りあったら、もし展示会に行かず仕事に戻っていたら、セミナーを聞かずに帰っていたら、きっと今の自分はいないかもしれない。そう強く感じます。

あなたの周りにも、たくさんの偶然の出来事があるはずです。思いがけない偶然の出来事を、自分の人生に生かすために必要なことは何でしょう？

・偶然をチャンスに生かす

ジョン・D・クルンボルツは、「プランドハプンスタンス（計画された偶発性）」理論の中で、偶然を自分のキャリアのチャンスとして生かすためには、日頃から5つのマインドを持っていることが重要だと説いています。

①好奇心

何かを知りたいという欲求が、知識を得る行動につながりますよね。何にでも興味関心を持っていることで、いろんな情報をキャッチすることができます。情報が入ると、これまで知らなかった知識を増やすことができますし、他者の話を聞く機会も増えて視野も広がっていきます。好奇心がさらなる偶然を呼び寄せることもあると思います。

②持続性

最近は就職してまだ3か月の新入社員が、この会社には将来性がないと早々に見切りをつけて退職してしまうことも増えています。入社時は少なからずギャップを感じるものですが、少し違和感を持っても、1年、3年と経つと必ず自身の成長があるものです。

ちょっとやってみただけで判断せず、少しコツコツ継続してみると違う世界が見えてくることがあります。向き不向きよりやる気という言葉もありますが、まずは続けてやってみることで違う自分を発見することがあります。

③柔軟性

こうしなければならない、こうあるべきという固まった考えより、「そういうこともあるのかも」という柔軟な捉え方のほうが、可能性が広がっていきます。

特に現代は変化が激しい時代です。変化を捉え、時に変化を受け入れていく柔軟性が大切です。

④楽観性

深く考えすぎず、何とかなるとまずは行動してみること。石橋を叩き割る前に、一歩前に足を出してみること。とても勇気がいることですが、まずはやってみる、ダメだったらそこで考える、といった楽観性が行動を起こす原動力になります。最初の一歩を踏み出す勇気、ぜひ大切にしてくださいね。

⑤リスク・テイキング

新しい未知の世界に足を踏み入れるのは、もしかしたらリスクがあるかもしれないけど、まずは行動に起こしてみる、やってみることが大切なときがあります。やったことがないこと、新しいことには臆病になることもあります。

でも、勇気を出して前へ。そういう気持ちが人生を切り拓くカギなのかもしれません。

・5つのマインドで転機を乗り越える

先にご紹介した私の経験でいえば、予定が変更になったという偶然の出来事があったとき、日頃から興味を持っていたことを知りたいという欲求に向けて行動し、何だろう？　と思ったことを調べて資格の勉強を始めます。ハードな仕事の中でも週末にコツコツ学校に通い、通勤時間やお昼休憩の細切れの時間を使って勉強を続け資格を手にします。

その後、キャリアを伝える仕事をしたいと独立しました。収入面での大きなリスクも考えましたが、きっとなんとかなる、何とかする、という想いでした。そして8年が過ぎ、今、あなたにキャリアについてお話ししています。まさに、偶然から始まってここまできました。

プランドハプンスタンス（計画された偶発性）は、みなさんの日常の中にあります。

あなたのこれまでの人生で、どんな偶然の出来事があったでしょう？

この映画と出会ったから、この音楽を聞いたから、この本と出会ったから、この人と友達になったから、この先輩を見て、このの部下になってから・・・いろんな偶然の出来事に影響されて、今、ここのあなたがいるのです。

予測できない偶然の出来事も、5つのマインドで自分の人生に取り入れていくことで、キャリアが拓かれていきます。ぜひ5つのマインドを大切にしてみてください。偶然の出来事がきっとステキな人生の入り口になるはずです。

5　私にとっての「意味」を考えてみる

・点は線になっていく

企業の研修などで、部下・後輩指導を中堅社員に向けてお話していたときのことです。

「それって意味あるんですか？」と新入社員や若手社員から聞かれてちょっと困ったのだと受講生が話してくれました。昔は、先輩や上司から指示されたことは、まず意味を考える前にやってみることが当たり前だったのに、今はその仕事の「意味」を聞かれることが増えて、戸惑っているそうです。

確かに、意味がわかれば納得して仕事に向かうことができます。意味を伝えることは大切なことだとは思いますが、世の中、意味があることばかりでもありません。

時には理不尽に感じることも、やらざるを得ないシーンもあるのが現実です。

もし、あなたが今、自分の仕事の意味を見い出せずに悩んでいるとしたら・・・。

まずは、会社にとって・仕事にとってなどの大義の意味ではなく、自分にとっての意味を考えてみて欲しいと思います。行動には何かしら意味があるものです。もしくは、意味は自分で見い出していくものだと考えてみてはどうでしょう？

アップル創業者のスティーブ・ジョブスがスタンフォード大学卒業式でのスピーチの中で、「点と点をつなげる」という話をしていますが、自分が行ったことが点のようであっても、いずれ必ず線となって意味が見えてくると私も実感しています。

私は、今、キャリアカウンセラーとして学生や社会人のキャリアを支援しています。これまで出版業界でフリーライターとして働いていたことやWEB制作の会社で働いたことが、どうつながっているのか？　あまり人には想像できないかもしれません。でも、私の中では確実に点と点がつながって線になってきている納得感があります。

フリーライターとして多くの人の取材をしてきました。取材の度にいろんな方の人生をうかがいながら、その方の生き様を文字にしてきました。そんな時間がとても楽しくて、「つくづく私は人が好きなんだな！」と感じてきました。それが今、人の話を聴く原点になっていると思っています。

キャリア支援の中で就職や転職の際に書く職務経歴書や履歴書の添削をする機会も多いです。その際、ライターとして文章に向き合った経験が生きてきます。相談者が書きあぐねていることを丁寧に聴き、人に伝わる書き方を一緒に考えることができます。

ライターやＷＥＢの仕事で多くの企業や職種の方とお付き合いしたことで、いろんな業界の幅広いビジネスの仕組みを知りました。これが業界・職種研究の指導や求人紹介に役立ちます。多様な仕事をしてきたからこそ、今それが私のキャリアを助けてくれているのです。振り返ればそれぞれの仕事に意味がありました。

意味のない仕事なんてない。やってきたことには必ず意味がある。そして点をつなげていく。

それが私の信念です。

・自分で意味づけする

ある新入社員の半年後面談のとき、「入社してから雑用ばかりで、転職しようかと思っている」と打ち明けられました。聞けば、先輩に同行してクライアントとのミーティングで議事録を書くのが苦痛だというのです。

議事録は、協議したり検討したことを記録する大事なものです。新入社員にとっては、毎日ミーティング記録ばかりでつまらなかったのかもしれませんが、何かトラブルが起こったり齟齬が生じたときの拠り所になるのが、まさに議事録です。とても大切な仕事だと思います。

入社したてで仕事の全体像が見えていなくても、議事録を書くことで、仕事の段取りがどのように進んでいくのかを自分で記録しながら学ぶことができますし、何を決めていかなければいけないかもわかっていきます。

ただの雑用とするのか、大事な学びととるのか、自分が意味づけることが重要です。意味づけすることで、取り組む姿勢が変わります。姿勢が変わると、吸収できることが変わってきます。吸収できることが増えていくと、成長スピードがあがります。自分なりの意味づけができると、ものすごい勢いのプラスのスパイラルになります。

もし今、あなたにも仕事につまらなさを感じているとしたら、ポジティブな意味づけをしてみませんか？　世界がきっと１８０度変わっていきます。

・そして誰かが見てくれている

そんな私も、自分の仕事に悩んでいた時期もあります。

最初の就職のときです。事務職として毎日お茶出しやタイムカード集計、コピー取り、書類作成に従事していたとき、単調な仕事の繰り返しに「このままでいいのかな？」と悩んでいました。当時は今ほど転職も多くなかった時代ですし、そもそも高卒の新入社員が会社を辞めるなど考えもつかないことでした。仕事がつまらないと思いながらも、生活のためには働かないといけません。

どうせやらなきゃならないなら、楽しんでやることを考えよう。そこで、１つひとつの仕事に自分なりの意味を持たせたり目標を決めたりして取り組んでみました。

お茶出しなら、みんながおいしいと言ってくれるように入れてみよう。そう考えると、器の温度とか茶葉の量とか出すタイミングとかを考えるようになりました。コピー取りなら、誰が読むのか、何に使うのかを確認し、片面にするか両面にするか、白黒でいいかカラーがいいか、どちらを閉じるか？　その用途に応じて考えて揃えていきました。

集計などのルーティンワークも、今日は昨日より早く終わるために何か工夫できることはないか？　自分なりの目標をつくって取り組んでいくと、ちょっとした達成感が生まれるようになっていました。

そんなとき、秘書室へ異動になります。気が利く子だからぜひ秘書室に、と声がかかりました。誰かが私の仕事ぶりを見ていてくれたのだと思います。

何の意味があるのか？　を誰かから教えてもらうのではなく、自分なりに意味を見い出し、真摯に取り組むことは、必ず何かにつながっていきます。

そしてどこかで誰かが見ていてくれますよ。

６　少し先の未来を見てみよう！

・少し先を見て歩こう

最近、街中や駅のホームでスマートフォンを操作しながら歩いている人とぶつかりそうになったことありませんか？　手元や足元ばかりを見ていると、周りが見えなくて危ないですよね。人は少し先を見て歩くから、転んだり人にぶつかったりせずに歩いていくことができます。実はキャリアも同じこと。今起こっていることに精一杯になっていると、道を間違えたり、何かにぶつかったり、思いがけない壁に突き当たったりするのだと思います。

ときどき視線を上げて、少し先の未来を見てみる。すると、いろんな景色が見えてきます。ルイス・キャロルの「不思議の国のアリス」の中に描かれるシーンで印象に残っている言葉があります。アリスが分かれ道に来たとき、そこにいたチェシャ猫に「どっちに行ったらいいのか？」と問います。猫は「どっちに行きたいかはお前次第、どっちにいったらいいのかわからないなら、どっちに行っても同じ」と答えます。

自分の行きたいところがどこだかわからないのに、道を選ぶことはできませんよね。少し先の未来を考えることで行きたい方向が見えて、今の迷いの答えを見出すことができるのだと思うのです。楽しんで少し先の未来を考えてデザインすると、それが人生の羅針盤になって自分らしいキャリアを導いてくれるのだと思っています。

・妄想でも思いは叶う

「人生何が起こるかわからないんだったら、未来を考えてもしょうがない」なんて思っていませんか？　確かに、偶然の出会いや出来事があったり、環境がどんどん変化したりしていく中で先のことを考えるのはちょっと大変です。

キャリア系の研修でも、以前は「10年後の未来を考えよう」というワークが多く実施されていました。私も会社員時代、そういう研修を受けるときはいつも「なんだか苦手だなぁ～」と感じていた1人です。

そんな私が今、企業研修でキャリアを伝える側になって、変化が激しい時代の10年後を考えるよりは、少し先の未来「3～5年先」を考えてもらうようにしています。そのほうが身近で、考えやすいと思っています。ほんの少し先の未来。一緒に考えてみませんか?

実は、妄想でもいいから考えてみることが未来に大きな影響を及ぼすのです。未来のことなので正解は誰にもわかりません。こうなるという予言もできません。だから、「こうなったらいいなぁ～」という自分の気持ちを表現することが大切なのです。

会社員時代にマネジメント力を高めたいと思ってコーチングを学びに行ったとき、やはり「10年先を年表にしましょう」というワークがありました。

「あ～、やっぱりきたか・・・」

これまで場当たり的に生きてきたことが多い私は、この「未来を考えること」がとても苦手でした。ワークがスタートすると、周囲の人はどんどん10年先までの年表を記入していきます。「すごいなぁ～」と思って眺めているうちに、時間が過ぎていきます。少し焦りを感じた私は、こんな風に思いはじめたのです。

「どうせどうなるかわからない未来の話だし、誰かが検証したり確認したりするわけでもないし、自分のことだから、妄想でもいいんじゃない？　あることないこといろいろ書いてみよう！」ある意味振り切って書き始めて、なんとかワークは時間内に終わりました。そのとき、私が書いたこと・・・ちょうど10年前に書いたのですが、3つぐらいしか覚えていません。

1つは「独立して仕事をしている」です。当時は大学生を2人抱えたシングルマザーで、安定した収入がなにより大事だったので会社を辞めることは考えていませんでした。それでも以前フリーランスで働いていたことを懐かしく思い、会社組織の中にいるのではなく人生後半はもう一度、何かで独立していたらいいな、と思ったのです。

2つ目は「スーツを着て人前で話をしている」です。何かは明確ではないけど、誰かに何かを伝える仕事をしたいと思ったのだと思います。

3つ目は「本を書いて出版する」です。

面白いなぁ～と自分でも思うのですが、このワークの2年後、キャリアカウンセラー資格を得て会社を退職し独立します。大学の授業や企業研修などに登壇し、人前で話をする機会を得て、今、本を書いています。

思えば叶うといいますが、思いもしなければ叶うことはないのです。できるかどうかわからないことでも、漠然とした想いを言葉にしてアウトプットすることで、自然と意識の中に定着するのかもしれません。意識することで、アンテナが経ち、情報が入ってくるようになります。情報が入れば自分なりに検討し、選択し、行動することにつながっていきます。

少し先の未来を、妄想してみませんか？　自分が3年後、5年後、どんな服を着て、誰と、どんなところで仕事をしているのか？　どんな生活をしているのか？

言葉にしていくと、その妄想への道筋が少し見えてくるようになります。私の今は、きっとあのときのワークの賜物だなと思っています。

さきほど、3つ覚えているといいましたが、実はもう1つありました。

それは「5キロやせている！」です。そう、ちょっと情けないですが、これぱかりはなかなか実現しきれていません。でもワークをしたときの自分が、未来の自分に対して約束したような気持ちになって、なんとしても実現したくてジム通いをしたことがあります。4キロまで落としたところで、あえなくリバウンド・・・。まだまだ修行が足りませんね。これはあきらめずにライフワークで取り組んでいこうと思います。

7　自分らしい人生は私が創る

・人生の正解は自分の中に

ある就活中の学生が、私にこんな話をしてくれました。

「高校を選ぶときも、大学を選ぶときも、自分では何も考えていなくて、時期がギリギリになって先生や親から『ここだったら入れる』と言われてそれを選択してきました。自分で選んでいないから、うまくいかないとき、どうしても人のせいにしてしまう自分がいます。だから就職は、自分で納得して決めたいんです」

彼の真剣な表情に、心打たれる私がいました。

こうしたほうがいい、こうすべきと周囲から言われ、よく考える時間もないまま流されて選んできたことを、とても後悔しているようでした。彼の本当の意味での人生は、きっとここから始まるのだと思い、就職支援をしたことを覚えています。

自分なりの正解をつくることは、自分が選ぶことから始まるのですね。

就職相談の現場では、「どうしたらいいですか?」と聞いてくる学生が多いです。そんなとき、いつも「どうしたいですか?」と聴くことになります。その人が「どうしたらいいか?」という答えは、私は持っていません。持っているとすれば、「私だったらどうするか?」という個人的な考えであり、相談の現場ではそれを出すことはありません。それはあくまで私の個人的な価値観で、目の前の相談者のものではないからです。それに就職という大きな転機のときに、他人の価値観で判断して欲しくないと思っています。

例えば、大手有名企業がいいとか、給料はいくらがいいとか、転勤はないほうがいいとか、そういう就職の際に大事にすることは人それぞれ違います。家からの距離が近いことがいい人もいるし、休日日数を大切にする人もいるし、仕事のやりがいを求める人もいるのです。どちらがいいとか悪いとかの話ではありません。

ある学生は「牧場の仕事がいい」と言いましたし、ある学生は「都心のオフィス街でお財布を持ってカフェランチにいけるようなところがいい」と言いました。ある学生は「コツコツと積み上げる仕事が好き」と言いましたし、ある学生は「人と関わって動いている仕事がいい」と言いました。

何を大事にするかは、本当に人それぞれなんです。

だからこそ、「何が正解か？」を他人に質問するのではなく、「自分が大事にしていることは何か？」を自分に聴いてあげて欲しいと思います。

自分らしい人生は、誰かから与えられることはありません。あれこれ迷いながらも、自分で創っていくものだと思います。

・自分が歩いた軌跡がキャリア

それでも人生の大きな転機で、何かを選ぶことに迷いや不安を抱えることはあります。思ったようにいかなかったときに、やっぱりあのときこうしておけばよかったと後悔することもあります。生きることは選ぶことだといった私も、自分の人生に後悔をしたことはたくさんあります。

何かの失敗も、人として必ず学ぶことがあって、傷ついたり落ち込んだりしたとしても、その失敗を糧にそこからまた立ち上がって歩き出していくことでしか責任を取ることはできないのです。きっと生きるということは、そういうことの繰り返しなのかなと思います。

ふと気がついてうしろを振り返ってみたときに、自分が歩いてきた跡をみることができます。それが生きた軌跡＝キャリアなのです。諸説ありますが、キャリアの語源は馬車の車輪の跡「轍（わだち）」だといわれています。

自分が歩いた軌跡がキャリアなのであれば、今、ここの自分が足を動かして前に進むことがキャリアを創ることになります。

自分らしい人生は、私が創る。

上手く生きることが人生の目的なのではなく、自分らしく自分の人生を創っていくことが大切なのだと思います。不器用でも失敗しても、それを糧にして。

8　やりたいことをどう探す？

・やりたいことを見つけなきゃという強迫観念

「やりたいことが見つからない」と悩む人はとてもたくさんいます。よく女性誌などでは「やりたいこと、好きなことを仕事に」等の特集をみかけますが、そこに登場している人はとてもキラキラ輝いているように見えて、私には到底ムリ・・・と逆に落ち込んでしまう方もいます。

親や先生から「やりたいこと」は何？　と聞かれたり、「やりたいこと」を見つけなさいと言われて、途方に暮れている姿をたくさん目にしています。

今は企業の面接の場面でも「当社に入って何がやりたいですか？」と質問されることが多いようです。就活生や転職希望者はしっかりと企業研究をして、「営業として貢献したいです」とか「クライアントが喜ぶ企画を提案できるプランナーになりたい」等、自分なりの答えを持って面接に向かいます。しかし、入社したら自分が「やりたい」と言った仕事に配属されるとは限りません。せっかく「やりたい」という希望を伝えたのにと、がっかりしてしまうこともあります。そうなると、企業に就職してからも「やりたいこと」を考え続けることになります。

「やりたいこと」探しは、何もあなただけではありません。今もたくさんの人が探し続けています。やりたいことをどう探していくのか、一緒に考えていきましょう。

・まずは知っていることを増やそう

「やりたいこと」ってどうやったら見つけられるのでしょうか？

「やりたいこと」を見つけるためのアプローチは2つあります。

まず1つ目は、「やりたいこと」は「知っていること」の中からしか生まれてこないので、「知っていること」をたくさん増やしていくことです。

自分がこれまで過ごしてきた世界は、とても狭い世界です。いつもと同じ人達と、いつもと同じような会話を交わし、いつもと同じように過ごしている限り、なかなか自分の世界は広がっていきません。

社会人3年目の方に、「今、就活生に戻れるとしたらどんなことをしたいですか？」とインタビューしたことがあります。みなさん口を揃えて、「もっと幅広い業界を見ていろんな企業を受けてみたい」と言っていました。

社会人になって初めて世の中のビジネスに触れたことで知らなかった仕事がたくさんあったと感じているようです。学生のときは、自分が利用している、あるいは見聞きしたことがある商品・サービスを提供しているB to C（消費者向け取引）企業に目が向いてしまいます。

しかし、世の中には消費者に商品やサービスが提供される過程で、いろんなB to B（企業間取引）企業が関わりあっています。商社のような中間流通を担う企業もあれば、企業の課題を解決するためビジネスを展開するコンサルティング企業等、消費者に見えない仕事はたくさんあるのです。企業に就職して初めて、自社と取引しているB to B企業を知ったという人も少なくないと思います。

今あなたが勤めている企業が取引している会社の仕事について、まずは調べてみるのも「知っていること」を増やす第一歩になります。働いている友人や知人の仕事をインタビューしてみるのもいいですね。また、最近は社会人でも仕事体験ができるインターンシップイベントを行っていたり、求人を出している企業を訪問して話を聞くことができるWEBサービスもあります。転職や独立起業する前に、実際にその仕事を体験できればとても安心だと思います。

その他にも、仕事に関するワークショップやセミナーなどに積極的に参加してみる、興味のある業界の展示会に行っていろんな企業のブースを見て回ってみる、転職フェア等の合同企業説明会で人事から話を聞いてみる、業界研究の本を調べてみる、職業人にインタビューしているＷＥＢサイトを見てみる等、やろうと思えばいろんな方法で情報を得ることができます。

ここで大事なのは、自分で調べるということ。

ＳＮＳや掲示板で他人の投稿を見ても、きっとマイナスな話ばかりになります。○○はブラック・・・という評判ばかり集めても、何の役にも立ちません。ネット上には、ネガティブな話が多いですし、特に企業の評判などはその企業に良い印象を持っていない人が書いていることが多く、片方の意見しか反映されていません。そしてそれが本当かどうかもわかりません。

自分で見て、聞いて、感じていくこと。そうやって知っていることを増やすことに挑戦してみてください。その中から、「やりたい」と感じるピッタリなものが見つかるかもしれませんし、「やってみたいかな」と興味が魅かれるものがあるかもしれません。「ちょっとおもしろそう」と思うくらいでも、大きな収穫ですね。

９　できることからやりたいことを考える

・自分ができることを増やす

知っていることを増やして「やりたいこと」が見つかったとしても、それが「できること」とイコールとは限りません。宇宙に行きたい！　と思っても今からそれができるようになるには、途方もない時間やお金がかかりそうです。海外で働きたい！　と思っても、日常会話程度の語学力ではビジネスの現場での難しい交渉などできません。税理士になりたい！　と思っても、数字がキライではなかなか難しいですよね。

「やりたいこと」へのアプローチの2つ目は、自分が「できること」をしっかり認識し、さらに「できること」を増やしていくことです。

人からは意外だ！　と言われるのですが、私は編み物が好きで冬になるとコツコツ何かを編んでいます。帽子やネックウォーマーなどを娘達につくってはプレゼントしていたら、「ネットで売れば？」と言われました。最近はそういうハンドメイド作品を気軽にネットで売買できるサイトがあります。私の場合は趣味の一環ですが、それを仕事にしたい！　と思えば、今は可能性が広がる時代です。「できること」が増えると、さらに次のステップへと行きたくなります。

仕事上でも同じようなことがいえます。ちょっとした書類をまとめることができるようになると、顧客への提案資料をつくる機会をもらえることもあります。提案資料をつくれるようになれば、プレゼンテーションを任されるようになり、書類をまとめていたときよりもっとダイナミックな仕事をすることで、それが「やりたいこと」に成長していく可能性があるのです。エクセルなどの表計算ソフトで、決まったフォーマットに入力している毎日。でも、独学で学んで関数が入れられるようになれば、売上データをいろんな視点で分析できるようになります。「こんなことできます」と上司に提案することで、少し上のレベルの仕事を任されるようになって、その仕事に面白味を感じるかもしれません。そして、それが「やりたいこと」になっていくことも考えられるのです。

「できること」が増えると成長を感じますしやりがいを見い出せるようになります。

「できること」をたくさん増やしてみましょう。自分で自分の世界を広げていくことで、「やりたいこと」に近づくことができます。

「やりたいこと」を見つけるために、「知っていること」「できること」を増やしていきましょう！

10 「やりたいこと」と「ありたい自分」が合う仕事

・ありたい自分を考えるとやりたいことが見えてくる

「やりたいこと」を見つけるための行動についてお話してきましたが、もう1つキャリアを考える上で大切な視点があります。

それが少し先の未来の「ありたい自分」を考えることです。

「やりたいこと」はことがらです。趣味や仕事など行動として表現されることですが、「ありたい」とは希望や想いです。「やりたいこと」のことがらだけ見ていくのではなく、「こうありたい」という気持ちを考えることも同時に行って欲しいと思います。

言葉遊びのようになってしまいますが、ここで私がこだわりたいのは「こうなりたい」ではなく「こうありたい」と表現することです。「なりたい」も悪い言葉ではないのですが、「なりたい」の前には『そうではない自分』が隠れているように感じます。今の自分ができていないから、だめだから変わりたいと一旦否定しているような感覚を受けるのです。

「ありたい」と表現するとき、未来に自分の希望が備わることを前提にしているように思います。肯定的で自信を感じられる表現だからこそ「ありたい自分」として言葉にしてもらいたいなと思います。

自分らしくいきいきと人生を過ごすために、社会人になった今だからこそ、改めて自己分析をしてもらいたいと思っています。自己分析は、学生の時代に就職活動でさんざんやったという方も多いと思います。そのときは就職活動のために自分の「強み」や「学生時代がんばったこと」などを答えられるように、あるいは企業を選ぶ軸を探るために考えたと思います。

しかし社会人になった今は、そのときからかなり状況が変わっています。学生のときは、同じ年代の友人が交流の中心でしたが、社会人になると年齢や立場が違う人との関係性が広がっていると思います。学生時代は勉強を通して知識を得ていましたが、仕事を通しての知識が増えていますし、経験の幅も広がっています。それだけ人間的に成長しているはずです。

学生のときの狭い視野ではなく、社会人になってできることや知っていることが増えた今だからこそ見えてくることがたくさんあると思うからです。

「やりたいこと」や「ありたい自分」を探すことは、今ここの自分から未来に向かった話です。そして、今ここにいる自分は過去の積み重ねです。今ここにいる私はどんな私なのか？　それを自己分析することで、この先の「ありたい自分」像が見えてきます。

・CAN・MUST・WILLで考える

未来を考えるとき、ぜひ考えて欲しい3つの問いがあります。それが、「CAN（できること）」・「MUST（すべきこと・大切にしていること）」・「WILL（未来のこと）」です。

「何がしたいの？」「やりたいことは何？」と聞かれると、みなさん「WILL（未来のこと）」から考えようとしてしまいます。

「〜がしたい」「〜がやりたい」とはっきりと言える人は、自分が何を求めているかがわかっている人です。今の自分がどんな状態で、何に不満を持っていて、何が欲しいのかが明確になっているのだと思います。だから「やりたいこと」を語ることができます。

「今の自分がどんな状態なのか」がわからないまま未来を考えようとしても、答えがわからないのは当然です。足元が漠然としていれば未来はモヤにかかったように見通しがきかない状況になってしまいます。地図に例えれば、今いる場所がわからなければ行きたい場所へどうやっていくのかを調べることはできませんね。今、私はどこにいるのか、を知るために自己分析をしてもらいたいと思います。

やりたいことは知っていることの中からしか生まれませんから、まずは自分をよく知ることが大切です。今の自分はどんなふうに生きてきて、何ができるのか？　という「CAN（できること）」

をしっかり振り返り、言葉にしていきます。

そして、「MUST（すべきこと・大切にしていること）」の中でも大切にしている自身の価値観を改めて認識します。自分が譲れないものは何か？　この先も大切にしたいことは何か？　がわかれば、未来を考える手掛かりになります。

また、人には人生の役割があり、会社にはすべきことがあります。「MUST（すべきこと・大切にしていること）」のすべきことや役割を把握します。多くの役割を担っている場合、その優先順位も考えていかないと時間はどんどんなくなってしまいます。

今、ここの自分が、どんな人で何ができて、何が大切でいくつ役割を持っているのか？　そしてすべきことは何か？　を考えた上で、自分はいったいどうなりたいのか？　といった「WILL（未来のこと）」を考えることができるのです。未来から考えるのではなく、今のあなた自身を分析するところから始めて欲しいと思います。

少し大変そうに感じるかもしれませんが、本書の中にワークシートを用意しました。このワークシートは私が実際にカウンセリングや研修で使用しているものを、本書を読んでいる読者の方が書きやすいように改変して掲載しています。ぜひ、ワークシートに沿って自分との対話をしてみてください。本書に書き込んでもいいですし、少し拡大コピーして使ってもOKです。

本書をたどりながら、自分らしいキャリアを見出していただければとてもうれしいです！

第2章

自分を知るための10のヒント

自分らしいキャリアを歩みたい。そう考えたとき、まず向き合って欲しいのが「自分らしさ」とは何かです。自分らしさを知ることで、「自分に合う働き方や仕事」を考えることができます。

「自分らしさ」とは何かという問いの答えは、その人の中にしかありません。そのためにはまずは自分を知るための「自己分析」をしてみましょう。

1　大切にしていることは何ですか　～ＭＵＳＴ：価値観を知ろう

・ゆずれないことがわかると歩く道がみえてくる

まずは、図表1で示した3つの問いの「ＭＵＳＴ」から考えていきます。中でもあなたの内面にあるゆずれないもの・価値観を考えてみましょう。

あなたが大切にしていること、ゆずれないことって何ですか？

そう突然聞かれても、あんまりイメージができないかもしれませんね。人が何かに対して大切にしている、大切にしたいと思っている、物事の価値についての考え方を価値観といいます。これは本当に1人ひとり違います。

生きる上でも、働く上でも、何か商品を選ぶときも、一緒に過ごす誰かを決めるときも、自分の価値観で見極めているのです。キャリアを考える上で、この自分なりの価値観や「ゆずれないもの」がわかると、自分が求めている道がみえてきます。

・働く上で大切にしたいことを選んでみよう

47ページの図表2は、価値観に関わるキーワードです。今のあなたが、「働く上で大切だと思っている」言葉に○をつけていってください。できるだけ直感で手を動かしてみましょう。いくつ○

〔図表1　未来を考える3つの問い〕

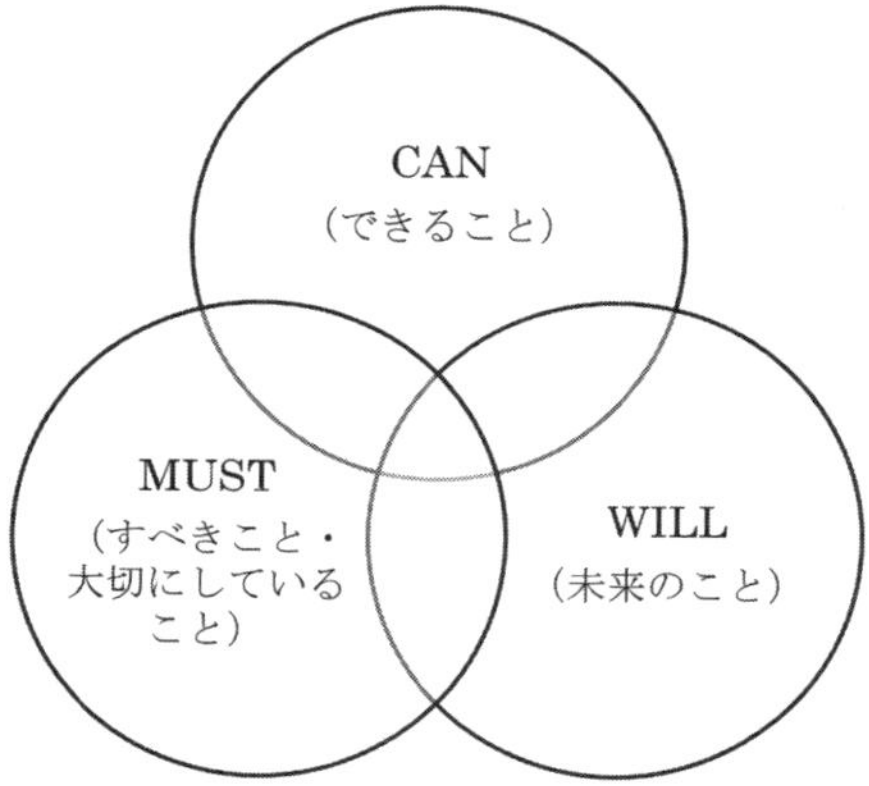

をつけてもらってもOKですが、一通り終わったらその中から5つ「より大切にしたい」と思うキーワードを選んでみてください。自分にとってのベスト5を決めてみましょう！

例えば「情熱」「やりがい」「チャレンジ」など、熱い言葉がならんだのなら、今はパワーがたくさんあって、発揮する場を求めているのかもしれません。「誠実」「やさしさ」「つながり」など、人とのコミュニケーションに関わる言葉が多ければ、共に働く人との関係性が大切なのかもしれません。「家庭」「子ども」「時間」などの言葉がならんだとすれば、もっと家族との時間を大切にしたい！　という希望があるのかも。

今、価値観を大切にして働いているようであれば、満足度も高いと思います。もしそうでないのなら、自分が選んだ価値観、大切にしたいことが叶う働き方はないか？　少し検討してみてもいいかもしれません。

こういった価値観は、何かを考え行動するときの自分の軸となるものです。そして、環境によっても大切にしたい言葉は変わってきます。以前シングルマザーとして働いていた私は、「収入」「子ども」「安定」「家庭」「仕事」といったキーワードを選んでいました。今は娘達も成長してそれぞれ結婚し家庭を築いていますので、1人暮らしで時間が思いどおりになります。今の私は、「自己実現」「やりがい」「自由」「充実感」「チャレンジ」などの言葉が目に飛び込んできます。

不思議と意識をしている言葉は、目に入ってくるものです。研修では、選んだキーワードをグループの中で共有してもらうことがあります。同じ会社で同じような年代の社員同士であっても、選ぶ言葉はバラバラです。ただ1人として同じ人がいないことを、改めて感じます。そして、キーワードを選ぶときも、目に入る言葉とそうではない言葉があると実感できます。「その言葉、どこにありました？」なんて、言い合っている姿も目にします。

価値観を言葉としておさえてみる。そうすると、自分が大事にしていることをしっかり認識することができ、今後の働く上での指針にすることができます。もっと「誠意」を持った対応をしようとか、今年は「チャレンジ」を何か1つ取り入れてみようとか、チームの「つながり」を意識して自分がその中心的な役割をしてみようなど、行動指針が具体的になります。

図表2のワークで選んだ言葉から、自分がこれから価値観を大切にしたどんな行動をしていくのかを書き出してみましょう。

〔図表2　価値観を探るキーワード〕

・働く上で大切だと思っている言葉に○をつけていきましょう！

成長	行動	ブランド	自分らしさ	上昇志向	コミュニケーション
誠実	オリジナル	やりがい	楽しい	家庭	友情
信頼	正直	生活	刺激	地域	プロフェッショナル
やさしさ	刺激	子ども	資格	健康	平和
リーダーシップ	時間	安定	プロセス	奉仕	専門性
ゆとり	未来	収入	自由	情熱	独立
成長	地位	準備	やりがい	愛情	楽しみ
出会い	役職	充実感	実現	チャレンジ	自己実現
つながり	誠意	可能性	成果	幸福	計画
人間関係	チームワーク	主体性	クリエイティブ	評価	挑戦
充実感	努力	感覚	夢	ゆとり	資格
環境	向上心	喜び	粘り強さ	思考	希望
成功	満足感	柔軟性	創造	個性	進歩

・○をつけた中からBEST 5を選んでください。もし上記に大切だと思っている言葉がない場合は、自分で下欄に記入してください。

・これから行動できることを考えましょう。

それを1つひとつ実現していくことで、何より自分を喜ばせることができます。価値観を大切にすることは、自分を大事にしてあげることにつながりますね。

2 過去の自分が今の自分を創る ～CAN：過去の棚卸

・これまでの人生の満足度を線で描こう

とてもあこがれる人がいるとして、今日から突然その人のようになることはちょっと難しいです。生きてきた時間が違うから、突然違う人生を生きることはできません。時間はウソをつけないんです。今の自分は過去の自分の積み重ねで、未来の自分は今の自分から創られるものです。

これまでの私がいるから今の自分がいます。過去の出来事は、いろんなことを教えてくれます。まずはそこを見つめてみましょう。

図表3は「ライフラインチャート」といいます。これまでの人生の満足度を一筆書きの線で表しているものです。真ん中に引かれた線をゼロ、上をプラス、下をマイナスな状態として自分の満足度や充実感の上がり下がりを線で表してみます。図表3の例は、私のライフラインチャートです。アップダウンの激しい人生ですが、そのときそのときに、真剣に人生を考えた自分がいたことを、線を見ながら思い出しました。これはあくまで一例です。

あなたの人生を図表4「ライフラインチャート」に線で描いてみてください。おそらく記憶にあ

〔図表３　ライフラインチャート例〕

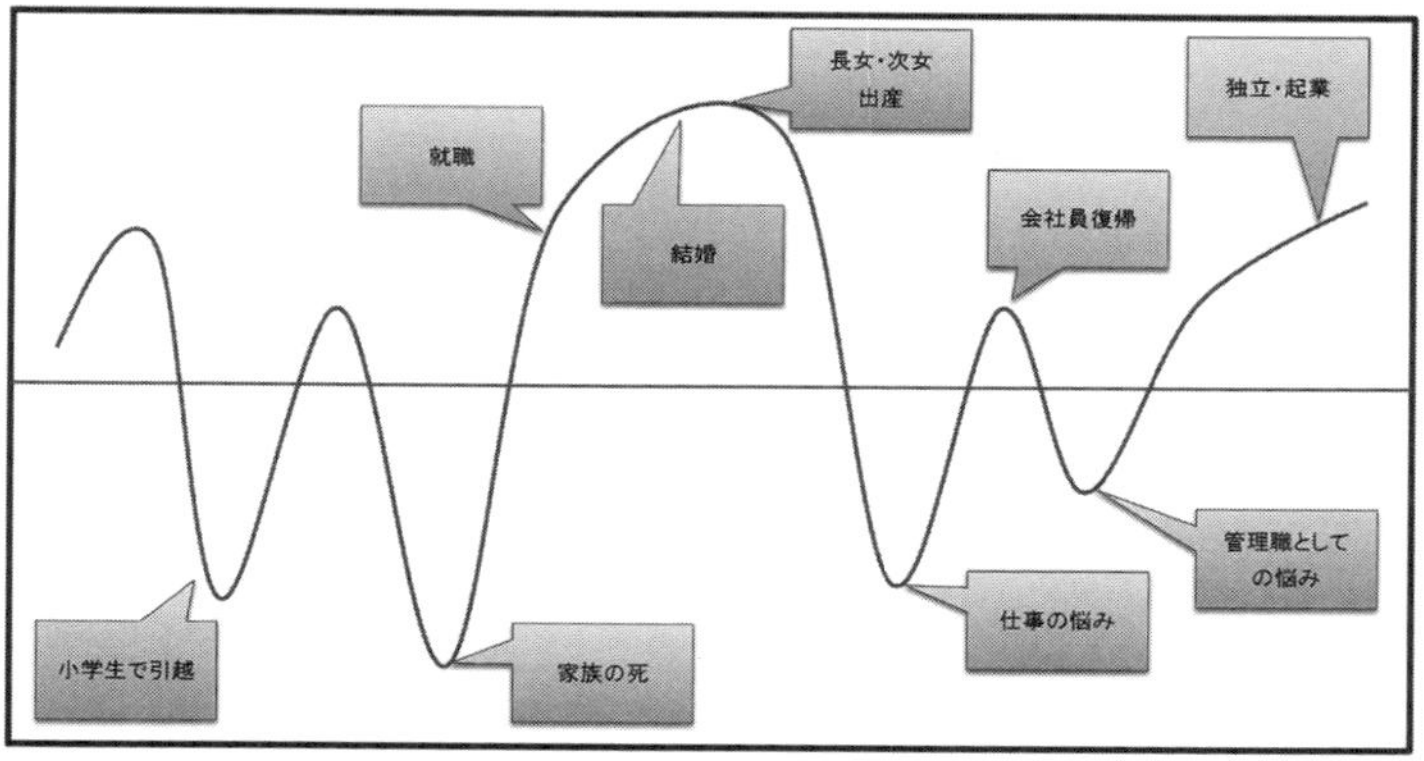

〔図表４　ライフラインチャート〕

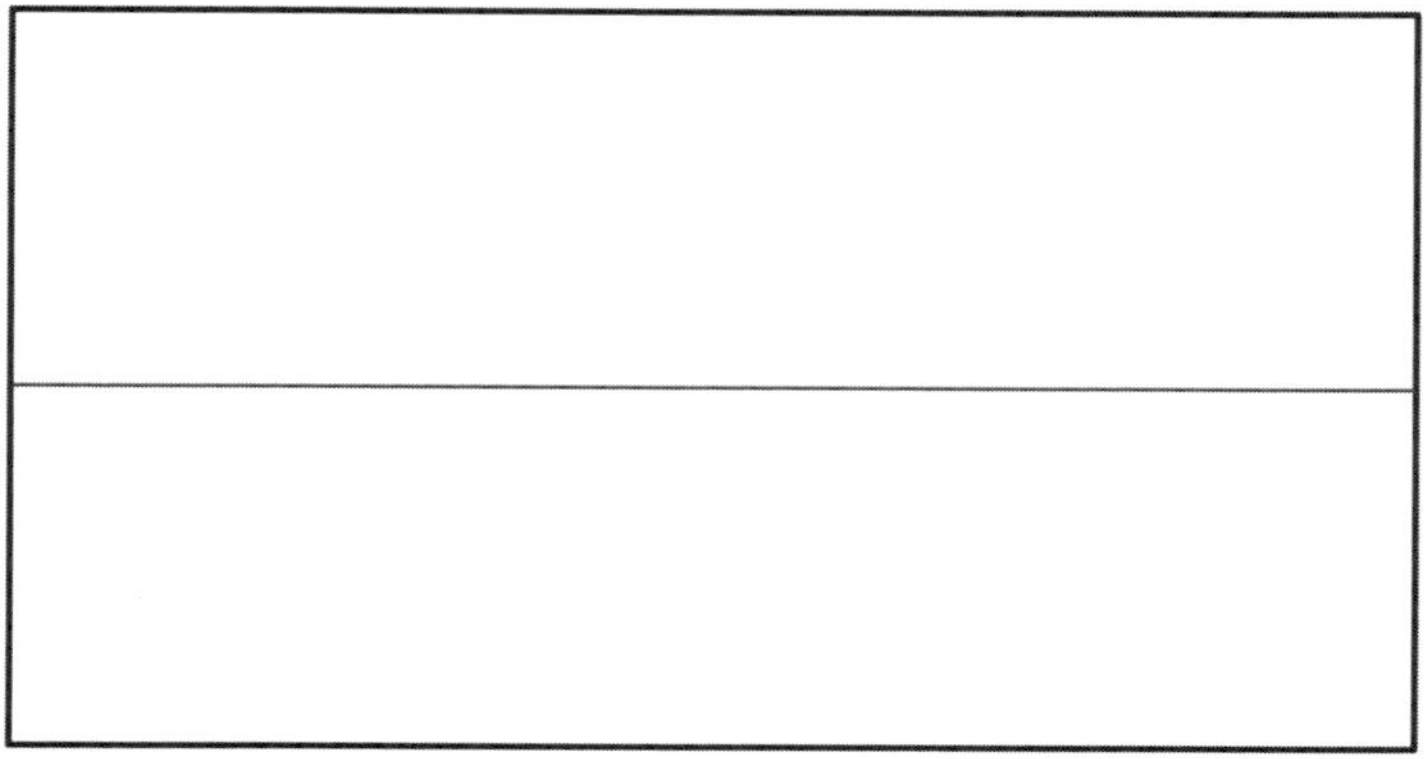

るのは幼児の頃からでしょうか？　小学生、中学生、高校生、大学生、就職してから・・・出来事の度に気持ちが変化していたことに気がつきます。こういうワークをするときは、あまり深く考えないで直感で引いてみることをおすすめします。より自分の感覚で描くことができるからです。

さぁ、少し大きな深呼吸を1つ。そしてペンを持って自分のこれまでの人生を線にしてみてください！

どんな線が描けたでしょうか？　描いた線の中に、山になったり谷になったりしている部分があったら、そこに吹き出しで何があったのか？　をメモしていきましょう。

・ライフラインチャートの読み解き方

女性向けのセミナーでこのワークを実施した際の感想に、こんな言葉がありました。

「今、とても落ち込んでいると思っていたけど、中学生のときのほうが谷が深くて、あのときほどではないんだと気づきました」

「今、すごくモチベーションが高いと思っていたけど、就職したときのほうがテンション高かったみたいです」

自ら描いた線が教えてくれるんです。あのときほどではないな、あのときよりも今はいいな、など。そういう気づきが大事です。

研修や授業でもこのワークを実施しているので、2000人以上の方の線を見てきたのですが、ホントに線は個性的です。もちろん正解があるわけではありません。それぞれの線が大切なその人のキャリアです。

①上下どちらに線が多いですか？

満足度の高い上段と、満足度の低い下段、どちらに線があることが多いでしょうか？　自分のこれまでの人生をどう捉えているのか、が線のある場所で見えてきます。満足度の高い線をこれから増やすヒントが、描かれた線の中にあります。

②線の山や谷は多いですか？

まったく平坦な線を描く人もいます。多少の波はあってもその幅が小さい場合、いろんな出来事があっても比較的柔軟に受け止めているのかもしれません。

大きな曲線がある人は、外的環境の変化が多かったのか、自分で起こした変化が多かったのかにも注目してみてください。

③満足度が上がる理由は何でしょう？

満足度が高まるときはどんなときでしょう？　そこに共通したことはありましたか？　例えば、私がこのライフラインチャートを描くと、満足度が上がるときはいくつかの要因が発見できます。「気の合う友人や仲間といい関係性を築いているとき」「新しい環境に変わるとき」「挑戦しているとき」。私のモチベーションの源泉は、これら３つなのだろうと思います。あなたの人生の満足が高いときの要因は何ですか？　それがきっとモチベーションの源泉なのではないかと思います。

モチベーションは、誰かがいいタイミングで上げてくれることはまれです。他者が自分のモチベーションを上げてくれるのを待つよりも、自分で上げていくことを考えたほうがいいと思います。

例えば、「新しい環境」でモチベーションが上がることがわかっているなら、思い切って住む場所を変えてみるとか、そこまで大きな変化ではなくても行ったことがない場所に行ってみる、新しい趣味に取り組んでみる、セミナーなどに出て新しい友人をつくる、何かを学び始めるなど、仕事以外で自分が行動できる範囲で変化を起こしてみるのもおススメです。

自分のモチベーションの源泉を知ると、満足度が下がっていると感じたとき、何が足りないのかに気づくことができます。なんとなくやる気が出ない、という状態から、○○が足りないからだ、とわかれば、何を足せばいいのかわかりますよね。

3　成長ポイントを探ろう！　～CAN：転機と成長

・過去の出来事を書き出してみる

ライフラインチャートで山や谷で描いた線を、今度は図表5「自分の棚卸」で時系列に記入して整理していきましょう。人生の中で印象深いことを書き出していきます。いつ頃・どんな出来事があったのか？　・そこで何を感じたのか？　・何を学んだのか？　自分に素直に自分の言葉で書きましょう。

〔図表5　自分の棚卸〕

いつ頃	出来事	その経験で得たこと・学んだこと・感じたこと

特に成功体験や失敗体験に注目してみてください。人生の中で、「成功」は自信を、「失敗」は成長の機会をくれます。成功体験といっても、すごく賞賛されたことでなくてもいいのです。小さなことでも「できた」「やった」と感じられたことは書き出してみましょう。失敗体験も、ちょっとうまくいかなかった、思いどおりではなかったことでいいのです。

ただ、失敗体験を書くときに陥りがちなのが、自分はダメだという感情です。「だから私ってダメなんだ」と、自分を責めるために書くのではありません。ネガティブな感情が湧いてきたら、ちょっとその感情を横に置いて、事実と感情を分けて自分を俯瞰してみましょう。

・過去の棚卸の読み解き方

過去を書き出してみて、どんなことを感じましたか？　棚卸をした感想を書いてみてください。「こんなこともあったなぁ～」「あのときはうれしかったなぁ～」「あのときは人生の終わりだと思っていたなぁ～」など、いろんな気持ちがあると思います。

大切なのは、出来事からの学びです。

出来事の後に気づいたことは何でしょうか？

例えば、私は子どものときに何度か引っ越しをしています。そのたびに転校するので人間関係が何度もリセットされてしまいます。とても残念な気持ちを何度も経験しました。新しい学校では、早くその環境に慣れるように気持ちを切り替えることが上手になったと思います。人の多様性を受け入れたり、人とすぐに仲良くなれるのも、この体験が大きいかもしれないと感じます。

仕事の面で言えば、出版やＷＥＢサイトを創る仕事をしてきました。その中で、何度もトラブルに出会っています。ゼロから何かを創り出す仕事ではよくあることですが、そんな中でもいい仲間との仕事が私にとってかけがえのないものになっています。

例えば、ＷＥＢ制作のプロセスの中で、プロデューサー、ディレクター、システムエンジニア、デザイナー等、それぞれの職能が違う人達と仕事をするときは、お互いの認識に違いがあると大きなトラブルになることを何度も体験しています。そんなとき学んだのが、ビジョンの共有と共通認識を持つことです。

役割の違う人たちと一緒に仕事するとき、仕事上のやりとりでわからないことがあれば、曖昧にせずにとことん話合うことは大切です。お互いの意識の違いを最小限にできれば満足いく仕事ができます。仲間との仕事が大好きな理由がそこにあります。そしてそれが私らしい仕事の流儀になってきたのです。

過去を見ると、今の自分ができてきたそのプロセスが読み解けます。どうしてそういう言動をするようになったのかは、過去の出来事に要因があることが多いからです。これまで生きてきた時間の中に、今の自分の考え方や行動のクセや特徴を見出すことができます。

転機にどんなことがあって、どんな失敗・成功を経験してきたのか？　そして、そこから何を学んで成長してきたのか？　具体的な言葉で表現していきましょう！

4　好きなことってみんな違う　～興味・関心

・好きで選んでいくと個性につながる

友人からよく言われるのですが・・・、

「ほんと地味な色ばかり着るよね、花柄とか明るい色とか着ないよね？」

そう、私のクローゼットは白・ベージュ・茶・紺・黒が圧倒的に多いです。アースカラーも好きなのでたまにモスグリーンも入りますが、あまりビビッドなカラーは手にしません。柄ものも少しはありますが、多くはないですね。着回しが効くということと、なにより着ていて落ち着くのです。それは私の好みです。

友人は、時折自分の気分を高めるために赤を来たり、明るい黄色を取り入れたりしています。それはステキだなぁ～！　似合うなぁ～！　と思うのですが、自分で手にするものはやっぱりシンプルなものになります。

地味な私でいることもたまにはいいことがあって、ある研修講師の依頼があったときそのスタイルが功を奏しました。医療・福祉系の企業の研修講師を選定しているときに、受講生に女性が多いことと仕事柄アクセサリーなどをつけない方が多いので、あまり派手なスタイルではない講師がいいとの要望があったそうです。そこで白羽の矢が立ったのが私でした。友人からは「地味」と言わ

【図表６　好きなことリスト】

今のあなたが好きなことをキーワードで書き出しましょう。好きなもの、好きなこと、好きな人、思いついた言葉を書き出します。

れましたが、それが思いがけず「信頼」につながりました。いいこともあるものですね！

好きの基準って人それぞれです。ファッションやインテリアには、その人の「好き」が現れます。それが個性にもつながっていくのだと思います。

・好きなことを書き出してみる

「私、優柔不断なんです」と話す方、結構多いです。自分で何が好きかを表現することが苦手だそうです。友達とご飯を食べに行ってもなかなかメニューの中から食べるものを選べなくて、結局友達と一緒のものを頼んでしまうとか、「何食べたい？」と聞かれても「何でもいい」と答えてしまうといいます。

それも友達を大切に思うからかもしれませんが、「自分」を知るためにここは1つ、「好き・嫌い」をジャッジする練習をしてみましょう。

ランチはパスタにするかラーメンにするか、洋服はスカートかパンツか、来年の手帳の表紙は赤か青か・・・。私たちは日々何かを選びながら生活しています。選ぶとき、「好き」「こうしたい」という気持ちを稼動させて、意識して選んでみてください。「楽しそう」「面白そう」という基準でもいいと思います。

図表6の「好きなことリスト」には、あなたの好きを書き出してみましょう。

自分にとっての「好き」は何なのか？　こういった興味・関心が理解できると、いざ仕事を選ぶ時にその要素があるかどうかを考えることにつながります。

・仕事の中で「好き」を生かす

転職希望者のAさんは、「とにかく動いていることが好き」なのですと話していました。じっとパソコンの前でデータを入力しているより、動いていたいと言います。新卒で就職するときは、営業の仕事は大変だという先入観から事務職を選んだのですが、どうも自分に向いていないと感じ始めました。結果その方は保険業界の営業職へと転職していきました。「とにかく動いていること」が好きだからこそ、自分でスケジュールを調整してあちこちの企業の中で働く人の保険相談に出向き、動き回っているので仕事への満足度も変わってきたといいます。

一方で、「人が好き」だから販売接客業についたBさんは、お客様へ接客するだけが仕事ではなく、お店の商品管理や売上を考えなければいけないことにストレスを感じていました。「人が好き」という想いは変わらないのですが、モノを売って成果を出すことに違和感を持っていたようです。彼女はいろいろ考えた上で、人材業界に転職していきました。人を軸に仕事することで好きを実現しようとがんばっています。

好きなことを仕事にしよう！　という雑誌などの記事を見ると、パンが好きだからパン屋さん、コーヒーが好きだからカフェ、写真が好きだからフォトグラファー等、独立起業やフリーランスの仕事の事例がたくさんありますが、企業の仕事の中にも「好き」を生かせるものがあります。

自分が好きなこと、自分が喜ぶことを知っていると、「自分に合う働き方」を考えるときに役立ちますよ。

５　夢中になるのはどんなとき　～興味・関心

・夢中になる理由が仕事選びにつながる

何もやりたいことがみつからない・・・と、困って相談に来る就活生に「夢中になっているときってどんなときだった？」と質問してみます。

例えば、ネットゲームに夢中になっている学生に、「夢中になるのはどんな要因があるのかな？」と聞いてみました。

ネット上で知らない人と、何か１つの目標に向けて協力しているとき、誰かと一緒に何かをしているのが楽しいから、と教えてくれました。ゲームというちょっと引きこもり的なイメージのある趣味でも、夢中になる要因が見えれば、それが現実の社会の中で可能になることはないか？　一緒に考えていきます。

ある女子学生は、韓国のアーティストに夢中になっていると教えてくれます。理由を聞くと、もちろんカッコいいから！　とのことですが、それだけではなかったのです。

よく聞けば、彼女はそのアーティストがまだデビューする前からずっと注目していて、他のアーティストよりも違う売り出し方をしたり、グループメンバーの個性を大事にしたりしながら徐々に成長していく姿を追っているのが好きだといいます。

世の中に出る前のものに着目して、少しずつ育てていくような要因がある仕事はないかなと考えて、セールスプロモーションの企業を受けていきました。

夢中になるコトは人それぞれですが、夢中になる理由がわかると、仕事選びのヒントが見えてきます。夢中になる理由がマッチすれば、意外なところに自分のやりがいを見出すこともできると思います。

・わくわくする時間をたくさん集めてみる

夢中になるという言葉ほどではないけど、楽しくてわくわくする時間が何か？　を考えてみるのもおすすめです。

【図表７　わくわくリスト】

今のあなたがわくわくすることを書き出しましょう。何をしている時わくわくするのか？誰と一緒の時にわくわくするのか？心が動く瞬間を書き出します。

さて、私がわくわくするのは、誰かのビジネスのお話を聴いているときです。久しぶりにあった友人や以前の職場の同僚が今どんな仕事をしているのかを聴いているときは、ほんとうに楽しい時間です。クライアントの担当者から聴く新しいビジネスの話も、とにかくわくわくします。そこには私が知らない仕事がたくさんあるからです。

知らないことを知ること、それが一番心がわくわくする時間。そして、とにかく本をたくさん買ってしまうクセがあります。ちょっと気になるタイトルを見つけると、すぐにネットで購入。電子書籍もある現代ですが、やっぱり紙の本を持つのが好きです。じっくり読み込むというより、あれもこれもちょっとずつつまみ食いしながら知識を得ているときが何より楽しいです。

そんな私は、やはり1つの企業で勤めあげるというよりは、日々いろんな方とやりとりしていく働き方のほうが合っている気がします。

図表7の「わくわくリスト」に、今あなたが夢中になっていることやわくわくする瞬間を書いてみましょう。その理由も添えてみてください。働き方に、その要素が含まれることはないか？　それを考える手掛かりになると思います。

6　あなたはどんな人？　～性格的な特徴・長所

・短所から長所を引き出せる

ここからは少し性格的な特徴について考えてみましょう。

自分を見つめることに慣れていない人は、長所・短所を考える段階になると戸惑うことが多いようです。「短所しか見当たらない」という方もいます。

でも、短所が見つかるのなら長所も引き出すことができます。長所と短所は案外裏表になっていることが多いからです。

例えば、先ほど興味・関心のところで「優柔不断」という言葉が出ました。この「優柔不断」を短所にあげる人、結構います。何かを決められないというのは、確かに短所かもしれません。でも、そこをちょっと掘ってみると・・・。

自分が決めることで誰かを不快にしないか、という気配りや配慮が働いていることもあります。

【図表8　長所・短所リスト】

長所と思うところ、短所と思うところと、その理由やエピソードについて書き出します。

長所・短所		その理由やエピソード
長所		
短所		

あるいは、どっちでも自分は満足できるという心の幅の広さや柔軟性がある場合も考えられます。それは長所として書き出すことができますよね。優柔不断のエピソードから、短所に思えることも、長所につなげていくことができるのです。

私自身は、元気で明るく常にポジティブが長所だと思っています。裏を返せば・・・じっとしていられない、飽きっぽい、ムラがあるのが短所です。実はこの短所、小学生の頃からずっと通知表に書かれていた言葉です。なかなか性格は治らないみたいです。でも長所だと捉えれば、元気が出てきます。

自分のいいところをいっぱい探すために、短所を長所に変換してみてくださいね。

・他人から見える自分に長所のヒントがある

「○○さんって〜〜な人だよね」なんていわれて、自分が認識している自分とちょっと違って驚いた経験はありませんか？　他人から見える自分、それも自分です。

例えば、「いつも笑顔で楽しそうだね」「頼りになるね」「細かいところまでよく気がつくね」など、声をかけてもらったことがあれば、それは表情や行動に現れた自分の長所です。

本人にとっては何気ない日常の中の一コマであっても、他人がそれを「いいね」と言ってくれたのであれば、自信をもって長所に認定してあげましょう。

図表8の「長所・短所リスト」には、長所や短所を書き出してみましょう。そしてそう思う理由やエピソードも記入します。

私、けっこうがんばっている！　いいところいっぱいある！

自分の長所をたくさん言葉として書き出すことは、自分を認めてあげることにつながります。

7　自信のあること、自信のないこと　～CAN：強み・行動特性

・強みって何だろう？

長所と強み、その言葉の差はあいまいです。性格的な特徴も自分の強みになることがありますし、就職や転職活動でどちらも聞かれて困ったという声も聞きます。私がアドバイスするときは、長所は性格的な特徴で表現して、強みは行動特性で考えてみることをおすすめしています。行動特性とは、何かに取り組むときの自分の行動パターンのようなものだと思って考えてみてください。

例えばグループで何かに取り組むとき、すぐにリーダーシップを発揮してこれからの道筋や方向性を決めていくような人もいれば、じっくり考え可能性を分析することを担う人もいます。決まったことに対してコツコツと積み上げる人もいれば、外に出て情報収集をすることが得意な人もいます。グループの中で自然に担っていく役割が、その人の行動特性を現していることもあり、それが個性や強みとなっていることがあります。

あるいは、1人で何かに取り組むとき、とりあえずやってみよう！　とすぐに着手する人もいれば、まずはスケジュールから考える人もいます。アルバイトや部活などでも、自分のイメージと違えばすぐに次へ変えていく人もいれば、忍耐強く続けることを大事にしていく人もいます。

シーンを思い出してみると、自分の行動特性が見えてきます。53ページの図表5の「自分の棚卸」で過去の出来事を書き出して見た中で、そのエピソードが見えてくるものはありませんか？　そのときの行動に共通点は見えないでしょうか？

学生のときも、社会人になってからもサポートをすることが多いなぁ〜

少しハードルが高いほうが、モチベーションがあがって熱心に取り組めるなぁ〜

役割に対しては責任もってやり遂げるほうだなぁ〜

悔しいことをバネに成長してきたなぁ〜

すべてのエピソードに共通している必要はないですが、過去の出来事の中で比較的こういう傾向があるということがつかめれば、強みとしていえると思います。

【図表9　強みリスト】

自分が強みだと思う行動特性や知識・技術・ポータブルスキルを記入し、その理由やエピソードも記入します。

強み・スキル	その理由やエピソード

・強みはたくさん出してみよう

図表9の「強みリスト」では自分の行動特性から気がついた「強み」を考えてみましょう。また、仕事上の知識やスキルも自分を助けてくれるものです。資格や知識もリストに書きあげてみてください。その理由となる行動やエピソードも記入します。

強みをたくさん持つことで、自信につながります。

強みを考える上で最近注目されているのは、「ポータブルスキル」です。「ポータブルスキル」とは、移動可能なスキルのことで、どんな場所でも使える能力のことをいいます。ある仕事に限定されたものではなく、例えば異動しても、会社を変わっても使える能力になります。この「ポータブルスキル」をたくさん持つことで、どんな状況になってもそれが強みとなって自分を助けてくれます。

図表10の「ポータブルスキル例」には、いろんなスキルを紹介しました。中でも仕事への向き合い方・ス

【図表10　ポータブルスキル例】

移動可能なスキルとは、どこにいっても必要とされる能力例です。

種類	スキル例
仕事への向き合い方 働く上でのスタンス	働く意欲、仕事への興味・関心、仕事への熱意、自信、健康　等
コミュニケーション 人間関係	交渉力、調整力、他者理解力、チームワーク、リーダーシップ、ネットワーク構築力、共感力、傾聴力、協調性、コミュニケーション力、関係構築力、指導力、育成力、　等
仕事を進める上で必要なスキル	遂行力、継続力、緻密さ、正確性、分析力、創造力、表現力、情報収集力、計画策定力、計画推進力、課題発見力、問題意識、課題解決力、実行力、効率化、改善提案、責任感、達成力、先見性、判断力、決断力、管理能力　等
自己管理	自律性、ストレスコントロール、向上心、行動力、意欲創出力、主体性、自己理解力、冷静さ、誠実さ　等
専門知識・資格	専門的な知識や技能・資格（簿記・英検・TOEIC・宅地建物取引士・会計士・税理士・司法書士　等）

タンスは働く上で土台となるところです。また、仕事では必ず誰かと関わることになります。人と関わるためのスキルも重要です。そして、仕事への取り組み方のスキルがあり、その上で専門知識や技術が生きていきます。

これらの中で、自分が強みだと感じるものがいくつあるのか？　どこに多いのか？　を考えてみましょう。

8　強みとは意識しないでできること
～CAN：強み・行動特性

・自分が意識しないでできることが強み

それでもなかなか強みが見つからない、強みだと言い切れることがないという場合、誰かと比べていることが多いように思います。

例えば、パソコンのスキルはあると思うけど○○さんのほうがもっとすごいし、仕事の知識も○○さんのほうがいっぱいあるから強みとは言えないなぁ～なんて考えてしまっていいませんか？　誰かと比べているばかりでは自分の強みは見つかりにくくなります。

本書のワークでは人と比較しての相対評価ではなく、自分が持っているスキルの中で何が際立っているのか絶対評価で行って欲しいと思います。

いろいろ経験してきた中で、今のあなたは何が得意なのか？　何をしているときはスムーズなのか？　を考えてみましょう。実は、特に意識せずにめちゃくちゃがんばるわけでもなくできてしまうことが最大の強みということもあります。他人にとってはすごくハードルが高く感じられることが、私にはそれほど難しいことではないと感じるのであれば、それはまぎれもなくあなたの強みです。

すごく上手いこと、すごくほめられることでなくてもいいのです。あまり意識せず、さらっとやってしまえることはありませんか？

最近、「松岡さんってすごいですね」ととても感心されたことがありました。郊外の大学で就業後にスクールバスで最寄駅に行ったときのことです。その日、いつもの駅周辺と様子が違うことを感じていました。カフェやファストフード店に入っていく人がいつもより多い、なんとなく駅周辺に人が溜まっている、タクシー乗り場はいつもガラガラなのに今日は行列ができてる、もしかして電車が止まってるのかもしれない！

こういうときの私のアンテナは我ながらすごいと感じます。一緒に歩いていた方はまったく気づかなかったそうです。いつもと違うという違和感をキャッチし、状況を捉えて仮説を立てる。それは私にとっては意識しないでできることです。これも私の１つの強みなのだと思います。

あなたが普段から何気なくできていることで、周りが感心したりほめてくれたことはありませんか？

買い物に出たとき○％ＯＦＦの札を見ればすぐに割引額がわかるとか、冷蔵庫の食材を見たらすぐに献立がイメージできるとか、日常の中で直感で、あるいは無意識にできていることって、きっと強みだと思いますよ。

・強みを生かして仕事する

強みはまさに自分を助けてくれるものです。強みを磨いたり、増やしたりすることは、仕事をする上でとても大切ですし、ずっと取り組んでいくことだと思います。自分の強みが見えたら、それを生かせる仕事を考えていきましょう。

コミュニケーションに自信がある人は、たくさんの人と関わる仕事でもストレスを感じにくいと思いますし、ネットワークを広げていけるので仕事の幅も広がっていきます。協調性に自信がある人は、チームで何かを創り上げる仕事の中で意見を調整することに向いているかもしれません。責任感の強い人は、仕事を任せてもらえる機会が増えるでしょうし、緻密で正確性を大切にしている人は、経理職などの仕事に向いているかもしれません。

強みを発揮できる仕事につくことができれば、成果がでやすく自信にもつながっていきます。仕事が順調だと満足感も感じることができ、新しいことへ挑戦する勇気も湧いてきます。就職や転職で強みを質問されるのは、それが仕事につながっていくからです。

強みを仕事に生かすためにも、行動特性や得意なこと、無意識にできることをたくさん思い出して欲しいと思います。

9 やるべきことをおさえる ～MUST：与えられた役割を知る

・人生は役割の組合せ

人生の中にはいろいろな役割があります。キャリアの理論家ドナルド・E・スーパーは、人生はそれぞれの時期で果たす役割の組合せだと「ライフ・キャリア・レインボー」の理論の中で語っています。人生（ライフ）の役割（ロール）から、ライフロールとも言われています。

「子ども」としての役割、「学ぶ人」としての役割、「働く人」としての役割、生活するための「家庭人」としての役割、誰かと共に暮らす「配偶者・パートナー」、子を持つ「親」、「市民」、「余暇を楽しむ人」がその代表的な役割になります。きっと他にも細かく考えるとたくさんの役割がありそうです。

ライフロールは、ある時期に複数重なることもあります。もう成人していれば「子ども」という役割は終わったように思うかもしれませんが、親にとってはいつまでも「子ども」です。一時子どもとしての役割が薄れても、50代ぐらいになると親の介護などで「子ども」としての役割が増すこ

【図表 11　人生の役割】

代表的な人生の役割に対して、今自身はどのくらいの割合かを考えます。そう思う理由も記載しましょう。

他にも役割があると思う場合は、空欄に記載してください。

人生の役割	現在の割合（%）	そう思う理由
子ども		
学ぶ人		
働く人		
余暇を楽しむ人		
配偶者・パートナー		
親		
市民		

とがあります。

学校は卒業しても、働きながら何かを学んでいる人は、「働く人」と「学ぶ人」の役割が重なりますし、結婚や出産で「配偶者・パートナー」、「親」が生活の中心的な役割になっている人もいると思います。

私自身は両親を早くに亡くしたので「子ども」という役割はもうありません。「親」という役割も娘達の成長でほぼ終了でしょうか。２人の娘の結婚式に参列したときは、「親」という役割が一段落したんだと感慨深いものがありました。今、私の中で大きいのは「働く人」「学ぶ人」です。もう少し「余暇を楽しむ人」の時間も増やしたいなと思います。

いろんな役割を重ねて持っている私達ですが、1日は24時間、１年は３６５日か３６６日と決まっています。限られた時間の中で、持っている役割をどう配分していくのか？　それも働き方や生き方に大きな影響を与えます。

あなたが今、どんな割合で何の役割を持っているのか？　一度考えてみましょう。図表11の「人生の役割」には今ご紹介した代表的なライフロール（人生の役割）を記入しています。それ以外にも役割があるなと感じたら、空欄に記入してみてください。各役割の割合をパーセンテージで書いてみましょう。

・すべきことを明確にする

人生の役割について触れてきましたが、働く上での役割についても考えておきましょう。働いて報酬を得ている以上、すべきことがあります。それが仕事ですよね。組織から与えられている役割をきちんと返すことが、報酬や評価につながっていきます。

あなたは今、仕事上でどんな役割を担っていますか？

担当している仕事だけでなく、組織の一員として期待されている役割も書き出してみましょう。

例えば、入社5年目で中堅といわれる存在になってきた人は、組織の中では上司と若手をつなぐような役割を担っていることもあります。メンターとして後輩指導をしながら、仕事でも成果を出すことを期待されているとしたら、どういう配分で時間を使うかを考えないといけません。

期待されている役割が見えていない場合、半年ごとの面談などで上司に確認することをおすすめします。人は、期待されていることがわかるとそのために何ができるかを考えて行動に移ることができます。

でも、それが明確でないとき、どこに向かっていいかわからない船のようになってしまうのです。方向性が見えないと、風にあおられたり波に流されて余計な労力をたくさん使って疲れてしまいます。仕事の上でその状況は、とてもストレスが大きくなります。結果、気がついたら知らないところにたどり着いたということにならないように、仕事の上での期待役割を確認しておきましょう。

10　なりたい私、ありたい姿　～ＷＩＬＬ：希望・未来

・どうありたいかを考える

自己分析の最後は、いよいよ未来を考えます。どうなれるかではなく数年後の私はどうありたいか？　を考えるのがコツです。３～５年先の自分の姿が、どんな状況になっていたらうれしいだろう？　楽しいだろう？　わくわくした気持ちで考えてください。少し先の自分の姿を描くとき、どうせできっこないと思ってしまわず、まずは妄想してくださいとお願いしています。

今40代のCさんは30代後半で、都心の高層マンションに住みたい！　と妄想しました。毎日夜景を見て過ごせたらいいな、猫も飼いたい！　テラスでビールなんか飲めたら最高！　と、自分の希望を文字にしました。その方は今、湾岸エリアの高層マンションに住んでいます。

セミナーに参加してくれたDさんは、３年後は２人の子どもを育てながら好きなパンづくりの教

室を開いている！　と妄想しました。まだご結婚の予定もなかったので、急いで相手を探さないといけませんね！　3年で2人産むには時間が足りないから双子がいいかも！　と笑い合いました。

仕事以外のことでも、世界遺産を見て回りたい、年に2回は南の島へ旅行したい、白馬に移住してカフェを開きたい、一戸建てで暮らしていたいと、夢をどんどん書いていきます。

実現可能かどうかは問題ではありません。自由な気持ちで、自分がどんな状況だったら楽しいか？を考えてみてください。

書くことで自分の意識の中に「こういう希望があるんだ、夢があるんだ」と認識されます。そうすると、情報が自然とキャッチできるようになります。最初は興味本位に「ちょっと調べてみようかな？」ぐらいの気持ちだったものが、調べてみると自分でも今からできることがあることに気づきます。

5年後に家を建てるなら、今からどのくらいの貯金をすればいいかを考えることができますよね。少しずつ現実感が出てきて、夢に向かって歩み始める一歩が出せるようになるのです。

こんな私でありたい
その気持ちが大切です。

・キャリアデザインは少し先の未来から

1年後はこのくらい、だから2年後は・・・、3年後は・・・と積み上げるのではなく、一気に

5年後から考えてみましょう。図表12の「キャリアデザイン」には、仕事・プライベート・ビジュアル・マインドの4つのエリアがあります。まずは5年後の年齢を書き込みましょう。年齢を書くとかなりリアリティが出てきます。今、30歳なら35歳の自分の姿を描いてみます。

「仕事」には、○○の仕事をしている！　と具体的な職業名が出ない場合は、どんな状況で、どんな気持ちで働いているかを書いてみるといいと思います。例えば、大きなプロジェクトを任される、仲間と一緒に何かを創り出している、やりがいを感じながら働いている、等です。

「プライベート」には、どんなところに住んでいるのか？　どんなインテリアにしているか？　休みの日はどんなことをして過ごしているか？　誰と一緒にいるかなどを書いてみましょう。

「ビジュアル」には、どんな見た目でいたいのか？　を考えます。自分がどんな姿でいるのか？　あこがれの俳優やモデルの姿を雑誌などから切って貼ってみてもいいかもしれません。

「マインド」には、どんな気持ちで毎日を過ごしているかを書きましょう。毎日わくわくしている、落ち着いた気持ちで日々を過ごしている、やる気に満ちている等、感情面でどんなふうにありたいかを想像します。

5年後のキャリアデザインが描けたら、ありたい自分のために今日から1年間でできることを考えます。1年間の行動計画です。全部の夢に対して考えなくてもいいので、いくつかこれは叶えたいと思うところから始めてみてください。

例えば、5年後は海外で仕事をしていたいという夢を描いたとします。そうすると当然語学力が

【図表12　キャリアデザイン】

仕事・プライベート・ビジュアル・マインドの４つのエリアに、５年後の自分をイメージして希望を書き出していきましょう。

5年後:＿＿＿歳

<仕事>	<プライベート>	<一年間の行動計画>
<ビジュアル>	<マインド>	

必要になります。この1年間に取り組むこととして、まず自分が今どのくらいの語学力があるのかを知るために、ＴＯＥＩＣの試験を受けてみるのもいいと思います。

最近はSkypeなどを使ってネットでネイティブと英会話のレッスンができるサービスもありますから、来月から週3日でレッスンを始めてみるのもいいでしょうし、海外での仕事はどんなものがあるのか？　外資系に勤めている友人にヒアリングするために食事の誘いのメールをするのもいいと思います。

行動計画はできるだけ、今、すぐできることを積み上げるようにしましょう。いきなりＴＯＥＩＣ９００点！　などハードルが高い目標を立てても、そのために何をするかといったタスクに分解しないと絵に描いた餅になるのは目に見えています。今日、ネットで問題集を調べる。ＷＥＢから試験を申し込む。最近試験を受験した人に話を聞く。対策講座の説明会を聞きに行く。といったように、具体的な行動をたくさん書いてみることで、今、自分が何ができるか、何をすべきかがわかってきます。

・未来への手紙、未来への約束

昔、子どもの頃に「未来の自分への手紙」を書いたことはありませんか？　例えば、20歳の自分へ、大人になった自分へ、といったテーマで小学校や中学校の卒業文集などに書いたことがある人もいると思います。

今、あなたが描いた5年後のキャリアデザインは、今のあなたから5年後のあなたへの手紙です。「こうなっていて欲しいなぁ～」という素直な気持ちです。誰のためでもなく、未来の自分へのメッセージなのです。そして1年間の行動計画は、未来の自分に対する約束です。「5年後にはこうなっていて欲しいと思うから、今の私はこういうことに取り組んでみるね」と、未来の自分に伝えるものになります。

キャリアデザインのワークを行うとき、なかなか書き出せない方もいます。私も以前はそのひとりでした。未来を描いたとき、それ自体が自分に大きな課題を課すことにつながってしまい、できないことがいけないことだと感じてしまうことが要因のように思います。自分が書いた目標は達成しなければいけないといった「～しなければならない」という考えにとらわれてしまうと、気持ちが重くなりなかなか書き出すことができなくなってしまいます。

また、これまで周囲に「こうしなさい」「ああしなさい」と指示されたことに従順で比較的受け身で過ごしてきた時間が長い人は、自分が「こうありたい」という気持ちを出すことに慣れていません。「これでいいのかな?」「これで大丈夫かな?」と、未来を描くことに不安が先だってしまうこともあります。

キャリアデザインは、学校の試験ではありません。描いたことを実現しなければならないという仕事の目標設定でもありません。描いたことが実現するかどうかは、大きな問題ではないのです。もう少し気楽に、落書きを書くような気持ちで書いてみてください。

今の自分が考えた未来です。この先、思いもかけない出来事があるかもしれませんし、環境変化があって方向性が変わることも考えられます。

それでも、今の自分が「5年後はこうなっていたい」と考えたことが大切です。後になって、「こういうことを目指していたのか」と振り返ることができますし、次のキャリアデザインの大切な資料になります。

自分のキャリアを描くのは自分、キャリアを紡ぐのも自分。主体的なキャリアを生きるために、ぜひ楽しんで描いてみてくださいね。

第3章

ワーク・ライフ・バランスのための10のヒント

この先の日本は、働き方改革や女性活躍推進で、男性も女性も同じように働くことが当たり前の社会になっていきます。ワーク・ライフ・バランスとは「仕事と生活の調和」。どちらかに偏るのではなく、働くことと生活が上手に調和した人生を過ごしていきたいですね。2人の子どもを育てながら仕事と家事・子育てを両立してきた経験もふまえて、そのヒントをお伝えしていきます。

1 ワーク・ライフ・バランスとは「仕事と生活の調和」

・みんなが働きやすい社会へ

ワーク・ライフ・バランスと聞くと、仕事とプライベートをきっぱり分けていく時間の使い方をイメージする方が多いのですが、バランスという言葉を内閣府は「調和」と表現しています。仕事と生活のどちらかに偏るのではなく、仕事にやりがいや充実感を持って働き、個人の時間も大切にした生き方、それをみんなができる社会の実現を目指しているのです。

今、ワーク・ライフ・バランスが注目されているのは、少子高齢化でこれから先どんどん労働人口が減っていくことが1つの要因です。働ける人の人口が少なくなっていくのが目に見えています。

少し前までは、女性は結婚や出産で一度仕事から離れる人が多かったのですが、生活に変化があっても女性が仕事と生活を両立できるようにしていかないと、労働力が大幅に不足してしまうことになります。これまでパートや非正規で女性を採用してきた企業も、これからは変わっていかないと人材不足になってしまいます。

当然、女性が家事や子育てと両立して働くためには、男性の協力が不可欠です。そうなると、男性がこれまでのように何時間も残業したり、休日出勤したりすることが物理的にできなくなります。

ワーク・ライフ・バランスは、女性だけでなく男性にとっても大切です。さらには子育て世代だけでなく、今後高齢者はどんどん増えるので40代後半から50代の人も親の介護のために仕事を離職するケースが多くなってくることも予測されています。

子育てしながら、介護しながらでも、みんながいきいきと働き、充実した生活を送ることができる社会をつくることがすごく大事になっているのです。

・ワーク・ライフ・バランスが当たり前の社会に

それでもまだまだ日本の企業は、ワーク・ライフ・バランスに必要な支援が遅れています。年配の男性の中には、仕事中心であることが美徳であるかのように捉えている人もいますね。

最近の就活生は、「休日が多い会社」「残業が少ない会社」に入りたい人がすごく多いのですが、面接の場で「残業はどのくらいありますか？」と質問することも増えているのだそうです。それを聞いた人事や管理職の面接官が、「今どきの若いものは…」と嘆く声もよく聞きます。でもこういった質問が若い人から出るのは、案外いい傾向かなと私は思っています。

昔は、24時間働ける人が重宝されたのですが、そういう親を見て育った世代が「子どもの頃、土日も父親がいなくてもっと遊びたかった」と話してくれることもあります。若い人は親世代の働き方を見て育っています。

そうではなく、自分の時間や家庭も大切にしながら働きたいと感じていてもおかしくないですよね。そういう若者が増えていくことで、働きたい人が生活も大切にしたいと、堂々と言える社会になって欲しいと思います。

労働人口の現状に危機感を感じている国が、ワーク・ライフ・バランスのために、女性活躍推進や働き方改革などの施策を打ち出しています。仕事と生活の調和を国も企業も一緒になって進めていこうという機運も高まってきました。

今までのような男性中心の組織ではなく、女性の管理職比率をあげることや、子育てが一段落した女性が非正規で働いている割合が高いことから、より活躍できるように正規化すること、働く上で男女の格差をなくすこと等の取組みが始まっています。

働き方改革でも、残業時間の削減や雇用形態に関わらず公正な待遇をすること、みんなが会社に出勤するのではなく在宅ワークや自宅から近いサテライトオフィスなどで働くこと、副業の許可や育児や介護のための時短ワークなど、柔軟な働き方も模索しています。

性別や人種の違いに限らず、年齢、性格、学歴、価値観などの多様性を受け入れて、多様な人材を活用するためのダイバーシティという考え方も広まってきました。

女性活躍推進や働き方改革、ダイバーシティなどに対応していく企業には、当然そこで働きたいと考える人が集まってきます。企業も真剣に取り組んでいかないと、労働力を確保できなくなっていくことが予測されます。

働く人がワーク・ライフ・バランスを大切にしたキャリアを考える上では、これからがチャンスといえますね。

2　時間の使い方が生活の満足度を上げる

・人生に大きな影響を与える働く時間

これからは100歳まで生きる人が増えるといわれています。私は今、50歳を少し過ぎたところですが、私にとっての人生の折り返しは40歳でした。40歳の時に、これまでがんばってきた自分に初めて大きなごほうびをあげました。あまりブランドものに興味がないのですが、ちょっと奮発していい時計を買ったのです。たぶん、今持っている家財道具の中でそれが一番高額かもしれません。これまでがんばってきたね、これからもがんばろうね、という想いを込めて。

でも、人生が100年時代といわれるようになって、「あら？　もしかして今が折り返しなの？」なんて思ってちょっと笑ってしまいました。さすがに今度は大きなごほうびはできませんでしたけど。

キャリアについて考えるとき、少し先の未来を考えましょうとお話してきましたが、自分の人生の時間についてもここで考えてみていただきたいと思います。

図表13の「人生の時間」は、人生が100年だったとして、人はどのくらいの期間働くのかを考えてみた図です。学歴にもよりますが、およそ20歳前後で社会に出て60歳の定年まで働いたとしても40年も働くことに関わることになります。今、定年は60歳ではなく65歳にしていこうという流れ

【図表13　人生の時間】

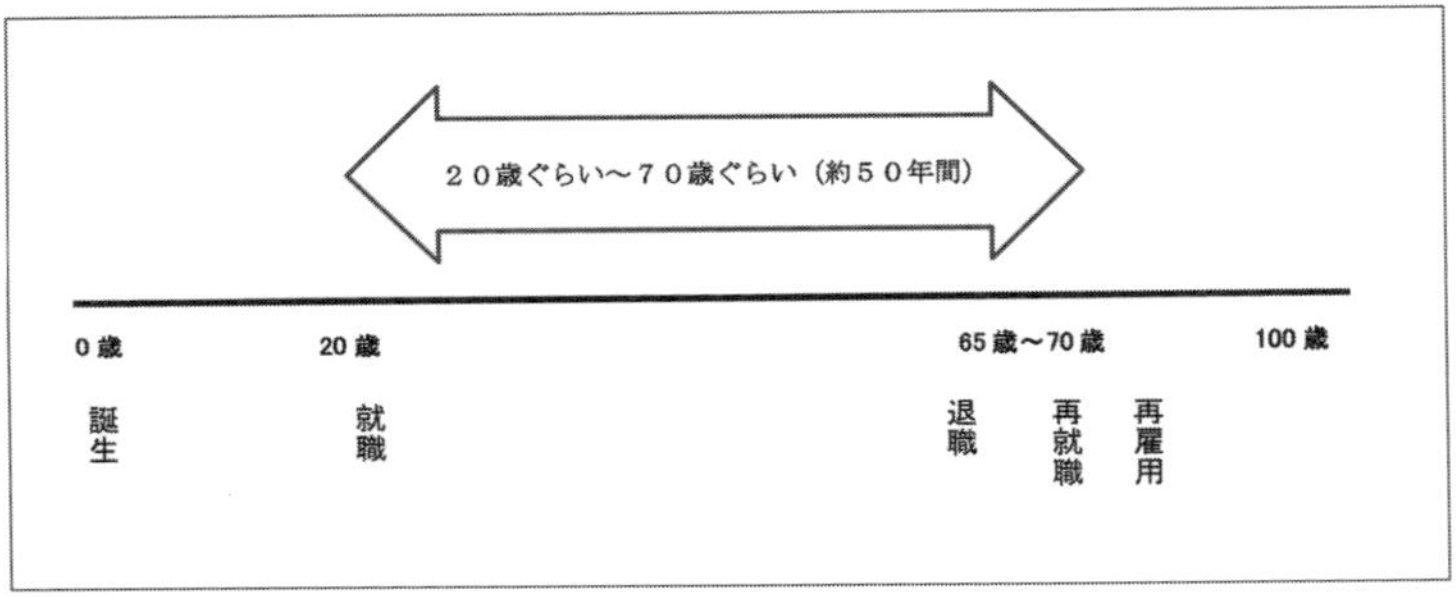

になっています。

そして、今後労働力人口の低下や社会保障制度の変更で年金受給が遅くなることも考えると、働けるあるいは働きたいシニアも再雇用で働く社会になっていくかもしれません。あなたがその年齢になる頃は70歳までは現役！　なんてことも考えられます。

するとおよそ50年近くも働くことに関わるのです。人生の3分の1は睡眠だとすると、1日のうち7～8時間の勤務、残業や通勤時間も含めたら10時間を超える場合もあります。1日の大半を「働く」ことに関わって過ごしていることになります。それが50年だとしたら・・・？

自分らしく、いきいきと充実した人生を送りたいと思うとき、この「働く時間」の充実度は人生に大きな影響を与えます。働く時間もプライベートも充実させる時間の使い方を考えていきましょう！

・１日の時間をチェックしよう！

仕事と生活、どっちも大事！　とはいえ、１日の時間は24時間。みんな同じです。睡眠も健康を保つのには大切ですから、しっかり確保しつつ残りの目が覚めている時間をどう使うかが、人生の満足度に大きく影響してきます。

あなたが働いている1日は、どんなふうに時間を使っているでしょうか？　図表14の「私の1日」の円の中に24時間の時間の使い方を記入してみましょう。何時に起きて、朝食や仕度にどのくらい時間がかかっているのか？　通勤時間や標準的な仕事の時間にどんなことをしているかも記入してみましょう。退社後から就寝までの時間も、どんなふうに過ごしているのか？　細かく記入していきます。できれば、平日もしくは仕事に行く日の標準的な1日の時間を円グラフにしてみてください。

記入が終わったら、今度は色の違うペンやマーカー等を使って「本当はもっとこんな風に過ごしたい」という希望を上書きしてみます。実際に過ごしている時間の使い方と、本当はこうしたいという希望とのギャップがあるようなら、どうやったら改善できるかも考えてみましょう。

私は、けっこう昔から早起きです。仕事に行く前に洗濯や夕食のおかず、お弁当づくりなどの家事をまとめてやっていた頃、5時に起きることを習慣にしていました。最近は年齢と共にそれが加速してきていて、5時前には目が覚めてしまいます。

今は朝のニュースをチェックしたりブログを書いたり簡単なストレッチをしたりして、のんびり

【図表 14　私の１日】

働いている日の時間の過ごし方を円グラフにしてみましょう。記入したらペンの色を変えて希望も書き込んでください。自分が時間の使い方で改善できることも書いてみます。

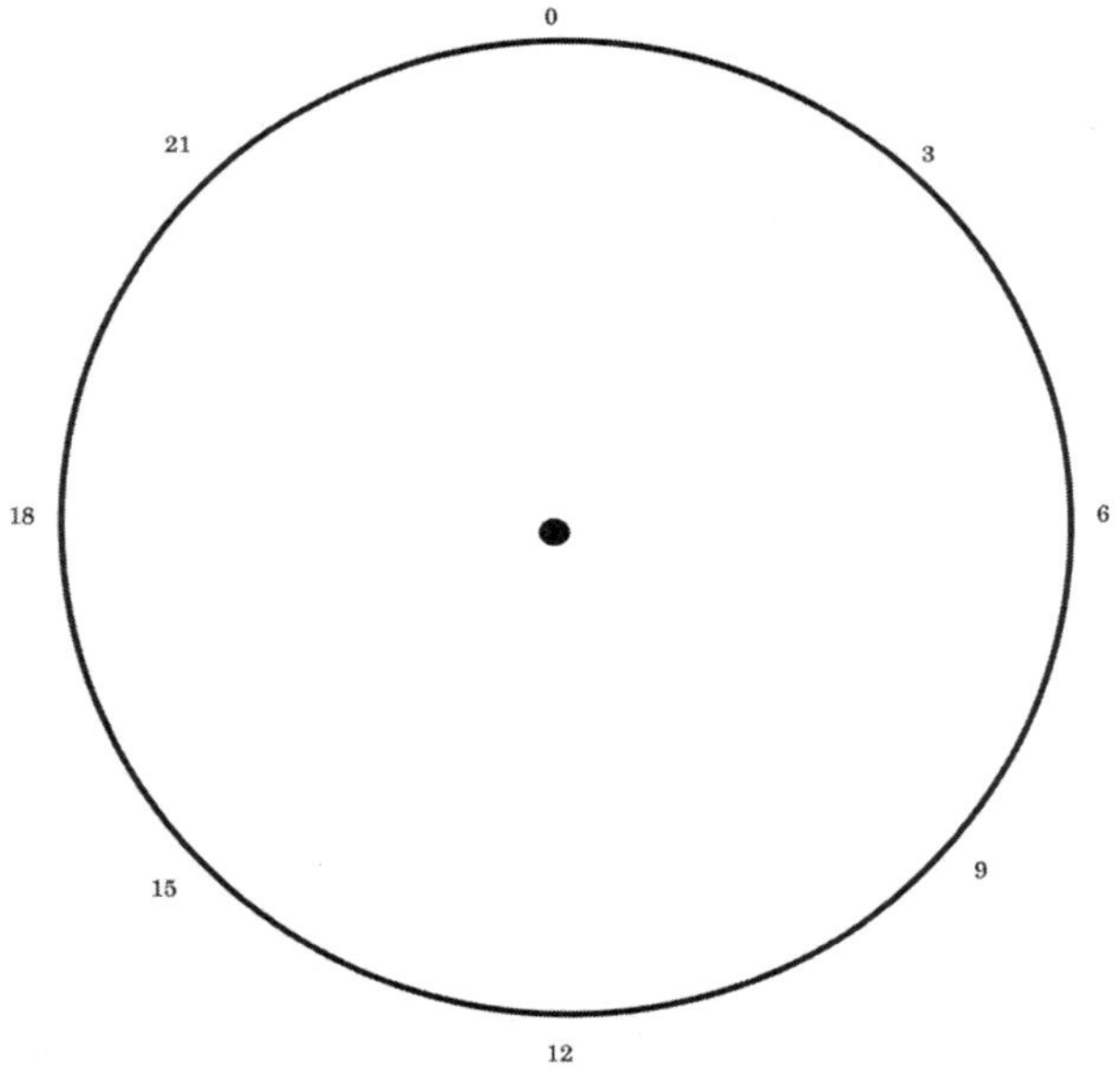

＜時間をもっと上手に使うために明日からできること＞

と過ごします。朝からバタバタしてしまうと、気持ちに余裕がなくなってしまうのでゆったりと過ごすことに決めています。

ゆとりをもった1時間と、焦って過ごす1時間の質はかなり違いますよね。質のいい時間を過ごすために工夫できることはないでしょうか？　円グラフの下に、時間の使い方で改善できることを３つ、書き込んでみてください。そして明日からはそれを意識してみましょう。

３　スケジュールは人生の記録

・こだわりのツールで楽しく

出版物の進行管理やＷＥＢ制作でのプロジェクトマネジメントの経験から、スケジュール管理にはちょっとした私なりのこだわりがあります。最近はスマートフォンやパソコンのアプリでスケジュールを管理している方も多いようですが、私は断然手帳派。しかも使っている手帳は10年以上同じスタイルのものです。アナログを愛しています。手元にスケジュールがあることが安心なのだと思います。見たいときにすぐに見ることができて、すぐに書き込めることと、時をさかのぼったり先を考えるとき、パラパラと紙をめくるのが好きなのです。

あなたにも、そういうこだわりがあるでしょうか？　スケジュールは、ちょっと大げさに言えば「人生の時間の記録」です。私の生きた証だと思うと、手帳などスケジュールを管理するツールは、好きなものにこだわりたいところですね。

・イベントだけじゃなくTODOも予定に入れていく

私の手帳は1か月が見開きで見えるものを使っていて、今月いつ何があるかを記入するだけではなく、そのためにやるべきことを書き込んでいきます。そうすると毎月終わる頃には真っ黒になっていて、振り返ると達成感があります。

仕事での会議や打合せなど、何日の何時からどこで、というのはイベントスケジュールです。イベントがいつあるのかを把握するだけでは、スケジュール管理としては不十分です。そのイベントに向けて、自分がいつ何をするのかといったTODOもスケジュールの中に入れていきます。

よくリスト化して付箋などでパソコンのデスクトップに置いている人がいますが、リスト化するのであれば、それをいつ、あるいはいつまでにやるのかもしっかり書いておく必要があります。

時間は有限です。例えば、来週の会議までに資料を作成するのであれば、今週いつその資料作成をするのか？　その仕事にはどのくらいの時間がかかるのか？　誰かの確認を取らなければいけないなら、いつまでに送るのか？　相手の確認時間も考えると・・・と、手順を踏んで会議の日からさかのぼって考えていきましょう。

するといつ何を取り組まなければならないかが明確になります。複数の仕事が重なっているときなどは特に注意が必要です。無理があるなら、調整が必要になってきます。

なるべく残業しないように仕事を組み立てるために、スケジュール管理は重要です。時間の使い方が上手になれば、ゆとりが出てきます。毎日が忙しすぎる！と感じている人は、まずはスケジュール管理を見直してみてくださいね。

4　予定にはリスク管理が欠かせない

・リスクはある日突然に

スケジュールどおりに仕事が終わると、とても達成感があるものですが、なかなか世の中そうはいかないのが日常です。

かくいう私も、予定を書き込んでいる手帳は常に変更が発生して更新されています。今週はA社の研修資料をつくろうと予定していたのですが、突然B社の研修提案の連絡が入って急遽そちらを先に作らないといけない事態になりました。となると予定していた資料づくりを遅らせるか、集中して効率よく取り組む日を考えないといけません。

そう、予定の変更やリスクはある日突然にやってきます。仕事でも、今日は同じ部署の山田さんに要望を確認してから作業にかかろうと思っていたら、山田さんが突然風邪でお休みになり確認できず作業が進まないなんてこと、ありますよね。明日がんばろう！　今日は疲れたから休もうと思っていたら、自分自身が疲労から風邪を引いて熱をだして結局出社できなかった、なんてこともあると思います。自己管理もスケジュール管理の大きな要素です。

突然の予定変更に対応するために重要なのがリスク管理です。リスク管理に必要なことは、予定はいつもそのとおりには進まないことを認識していることです。リスクは突然にやってくるものだと、常に思っておくことが大切なのです。

・リスクに備える時間の使い方

①作業時間を見積もる

ＷＥＢ制作やシステム開発の世界では、仕様や要件が決まったら開発のプロセスをスケジュール化していきます。その際、誰が何時間で何をするかを見積もっていきます。システム開発の受注をする際、システムエンジニアが○日、プログラマーが○日稼動するかを算出し、それぞれの単価を掛けて工数を出して請求するのが一般的なので、この作業時間の見積りを間違えると大幅な損になってしまうことがあります。このため作業時間を正確に見積もることがとても大切なのです。

このことは、私達の普段の仕事にも応用できます。働く1日の時間の中で、何にどのくらいの時間がかかるのかをしっかり見積もってからスケジュールを考えていきましょう。

例えば、売上データの入力なら1か月分入力するのに私なら2時間で終わる、プレゼンテーションの資料をつくるなら3日あれば提案書がつくれる、等です。初めて着手する仕事の場合は、鈴木さんなら何時間でできる、私はその1・5倍は見積もっておこう、というようにある程度の予測を入れていきます。

時間を見積もることで、1日のどこにそれを入れるかも考えるようになります。なんとなくダラダラ取り組むことが減って、見積もった時間でやろう！　という集中力も湧いてきますし、もっと早くできないかな？　と効率を考えるようになります。

ワーク・ライフ・バランスのために、効率を考えて生産性を上げることが大切です。そのための一歩が作業時間の見積りができるスキルを磨くことだと思います。

②時間にゆとりを持つ

作業時間の見積りの次に大切なことは、スケジュールには時間的なゆとりを持つことです。プロジェクトマネージメントでは、「バッファ」といって必ずゆとりを入れることが基本です。仕事では、急な打合せや来客、外出、クライアントや他部署からの電話に対応するなど、予定していなかったことに時間を使わなければならないことも多いものです。

外的要因だけでなく、自分が思いがけなくケガをしてしまうことや病気になってしまうこともあるかもしれません。やる気が下がることだって人間にはあります。いつもコンスタントに仕事ができるとは限りません。

昨年、私にも突然休まなければいけない事態が発生しました。普段風邪1つひかず元気な健康体なのですが、人生初めてのインフルエンザにかかってしまいました。結局仕事は1日休んだだけで済んだのですが、そんな突然の出来事があっても仕事に大きな影響がないようにしておく必要があります。元気に出勤して作業に取り組んでいても、人の集中力は何時間も持続しませんから、休憩を入れることも加味して作業時間を考えておくことが大切です。

③早め早めの行動がいい仕事を生む

私がこの30年来、仕事で心がけていることが1つだけあります。それは何についても締切り1日前に提出すること。そのためにスケジュール管理をしています。この1日前というのが結構大事なんです。ギリギリで仕事をすると、見直すことも修正することも指摘を受けることもできません。よりよいものにできる可能性があったのに、時間切れになってしまうのはもったいないですよね。

これは雑誌の編集者をしているときに体験したことがベースになっています。いつも締切りギリギリに原稿を上げてくる著者が多かったので、編集者として本当にギリギリにはならないように少し前に締切りを設定しているものなのです。たとえ著者の原稿が締切日を1日過ぎても間に合うように考えなければ、期日通りに発行できませんから。そんな中でも少し余裕をもって原稿が上がってくると、じっくり読んで原稿に追加をお願いしたり、時には構成に手を入れたりすることができました。

よりよいものにできる時間があったのですね。この経験は、フリーライターとして独立して原稿を書く立場になったときに、私の中のルールになっていきます。

まだまだ駆け出しで満足のいく原稿が書けなかったときでも、なんとか締切りの1~2日前に送るようにしていました。そうすると、編集者からここを書きなおして、ここをつけ加えてといろんな要望をもらうことができます。そういう指摘やアドバイスが、次の原稿にも生きていきます。そうか、ここをもっと意識したほうがいいんだ、こういう書き方のほうが読み手には受け取りやすいんだという気づきがいっぱいだったからです。

こういった仕事の仕方は、会社員としての仕事でも同じです。上司から頼まれた仕事を期日どおりに出すのではなく、中間報告をすることで方向性の確認をすることができます。締切りになって「求めていたことはこれじゃない、やりなおし！」なんてことにならないためにも、1度中間報告を入れて方向性を確認したり、締切り前に提出することが大事なんです。

先にお伝えした突然のリスクにも、この締め切り前に仕上げる仕事が役に立ちます。インフルエンザで1日休むことを余儀なくされたときのこと、仕事の準備がその2日前に終わっていたので自宅から「あの資料はここにあります」と同じ部署の方に依頼することができました。

突然のリスクに対応するためにも早め早めの仕事の意識で、時間を大切に使っていきましょう！

5　生活時間を増やす時短テク　～掃除編

・キライだから工夫する

何を隠そう…（別に隠していないですけど）私は掃除が苦手です。家事の中で一番苦手だと言ってもいいくらい、掃除に対するモチベーションは低いです。それでも、我が家に来てくれた友人はみんな「きれいにしているね〜」と言ってくれます。

正直うれしいような、申し訳ないような気持ちになります。掃除が苦手な私が、どうやって家をキープしているかというと、答えはただ1つ。物を増やさないようにしているから、です。

掃除が苦手でも、気持ちよく毎日を過ごすためには掃除はしないとなりません。それに、とってもさみしがりの私は、いつでも友人や家族が訪ねて来てくれる家にしておきたいのです。どうせやらなきゃいけないことなら、楽しく取り組めるように工夫するのが1番です。

「掃除機をかけよう！」としたとき、床にいろんなものが置いてあるとそれをいちいち移動して掃除しなければいけなくなります。次第に面倒になってきて、いい加減な掃除になってしまいます。まず、床に物を置かないこと。子どもが広げたおもちゃ達も、1度に入る大きなかごやＢＯＸを用意して夜にはそこに片づけるようにしていました。そうするとちょっと掃除機をかけようと思えるからです。

娘達が小学生ぐらいだったでしょうか？　リビングにいろいろ持ってきて片づけようとしなかったときに、黙ってゴミ袋を持ってきてバサバサ入れ始めたことがあります。それが子どもにとってあんまり怖かったのか、それ以来、我が家では物を床におかないルールが徹底されていきました。

苦手だからこそ、やる気になるように工夫することって必要です。私の場合は、半強制的でしたが、家族に対しても根気よく伝えて協力してもらいましょう。

・仕事の効率をあげるためのルール

近年、片づけや断捨離がブームになったので意識して取組んでいる方も多いかなと思います。家の中の物を把握することってとても大事です。できれば職場でも実践してみてください。ある文具メーカーが、「働く人が何に時間を多く使っているか？」を調査したとき、１位は「何かを探している時間」だったそうです。

あの資料、どこに入れたかな？

田中さんからのメール、どこにいったかな？

たしかバージョンアップしたファイルがあったけど、古いのしかみつからない・・・どこのフォルダに保存したんだろう？

そんなことで仕事の時間がどんどんとられていくのは、非常にもったいないですよね。日頃から何がどこにあるかを把握するためにはルールづくりが大切です。

仕事上では、例えばパソコン作業でつくったファイルの保存先フォルダのルールを決めておくこと。よく、パソコンのデスクトップがファイルだらけになっている人をみかけますが、それではどこに何があるかよくわからなくなってしまいます。しかも、終わったものなのか現在進行中なのかも判断できません。

案件ごとにフォルダをつくって仕訳するなど、仕事に合わせたルールが必要です。保存データも、ファイルに上書きではなく、ファイル名に日付を入れてバージョン管理をすると１つ前の状態までもどってやり直すことができます。

メールも、振り分けのルールをメールソフトに設定して受信したら自動にフォルダに分けられるようにしておけば、何スクロールもして受信トレイからメールを探さなくてもよくなります。

私が働いていた会社の人の多くは、送信メールには必ずCCで自分のアドレスを入れ、自分が送信したメールも自分に届くように設定していました。送信済フォルダを見なくても、そのメールが案件ごとに振り分けられるようにしておけば、時系列のやりとりが確認できます。こういったちょっとした工夫で、快適な仕事時間を生み出していきましょう！

・生活の中に物を増やさないマイルール

自宅についてもいろんな工夫ができます。私が意識しているのは、「収納グッズは増やせばまた物が増える」ということです。物が増えて片づかないから、３段の引き出しのついた収納ケースを購入したとします。次第にまたそのケースの中もいっぱいになって、また物が片づかなくなるからさらに収納ケースを購入し・・・という、終わりのないスパイラルが始まっていきます。

生活空間が物にあふれていると、心のゆとりもなくなっていきます。

私は、子どものときは親の都合で引っ越しを5回、大人になってからは、結婚や出産、子どもが大きくなったタイミングやその他いろいろな理由で7回経験しました。そのたびに、家の中の物を詰めたり出したり片づけたり・・・さすがに達人の域になってきていると自負しています。

そんな私は、とにかくムダなものは処分するルールを自分なりに持っています。2年以上着なかった服は手離して古着やリサイクルへ。バッグも仕事用1つ、休日用はトートバッグと大小のショルダーバッグ、ちょっとお出かけに使えるリュックと一泊旅行や荷物の多いときに持っていけるボストンバッグ、出張用のスーツケース、慶弔用に1つずつ、以上です。

使用用途を明確にしていれば、見なくてもいくつあるか答えられます。

私の家の中で1番多いのは、書籍です。興味があればどんどん購入するのでとにかく増え続けます。ここについてはまだまだ改善が必要なのですが・・・、家の本棚に八割ぐらいで納まることをルールにしています。半年に1度は本棚の中を点検して、ジャンルごとに整理していき、重複している内容のものや手ばなしていいものは古本として引き取りに来てもらっています。年に2回は本棚を確認するので、ほぼどんな本があるかは把握しています。

職場でも自宅でも、物を増やさないことと探さずにすむことを意識していくと、ゆとりも生まれるし時短につながりますよ。片づけの時短でうまれたゆとりを、ステキな時間にしてくださいね！

6　生活時間を増やす時短テク　～料理編

・便利なサービスは活用しよう

毎日帰宅途中に「今日は何つくろうかなぁ～」と考えるのって、けっこう大変ですよね。家族に

「何食べたい?」って聞いても「何でもいい〜!」って言われてしまうと、途方に暮れてしまいます。しかも仕事で疲れて帰ってきて、近所のスーパーで買い物して重い荷物持って帰宅となると毎日の食事づくりがツラくなります。

働きながらの食事づくりって、時間もせまってきて焦りますし、結局いつも同じようなメニューになったり、お惣菜に頼ったり、外食になってしまったり・・・。私自身もずっと試行錯誤してきました。

毎日メニューを考えるのが大変だったことと、買い物の時間を短縮したくて、その日のメニューの素材が届く食材宅配を週に3日頼んでいたこともあります。最初のうちは結構楽しくて、メニューどおりにつくっていたのですが、子ども達の好き嫌いがあったり、徐々にレシピを見ながらつくるのが面倒になったりして、結果いつものメニューに逆戻り。食材が中途半端に余るようになり、1年ほどで解約。なかなか長続きしませんでした。向き不向きがあるようです。

その後は、生協の個別配送を契約しました。カタログから注文書に記入して、毎週決まった曜日に配送してくれます。重たいものも配達してもらえるので、これはかなり便利でした。でも気をつけないと同じものばかり頼んで食べきれなくなることも・・・。ちゃんと計画的に購入することが大事です。

最近は、ネットスーパーもありますしコンビニも宅配してくれるようになったので、こういった便利なサービスを上手に使って、平日のお買い物時間を短縮できるように工夫してください。

今は自分で買う楽しみも味わいたいので、日曜日に安売りのスーパーに行って1週間分をまとめて購入しています。平日はちょっと足りないものだけを買うのでかなり時短になるのと、ついつい必要ないものを買ってしまうようなムダな出費が抑えられるようになりました。まとめ買いをするときは、1週間のメニューをイメージしながら買うとムダ買いが減りますよ！

・まとめ料理の日をつくって乗り切ろう

子育てと仕事に追われていた頃、気がつけば大皿料理ばかりの日々になってしまった時期がありました。ハンバーグ、カレー、スパゲッティ、から揚げ、豚の生姜焼き、肉じゃが・・・子どもが喜んで食べてくれるものに偏っていたと思います。この時期、小学生だった娘達はよく風邪をひきました。季節の変わり目だけでなく、ちょっとした気温差でも喉を痛めたり熱をだしたり。

ふと自分の料理に目を向けると、なんか色合いが悪い・・・生野菜のサラダぐらいしか野菜が取れていない。忙しいと野菜の下ごしらえが面倒で、ついつい簡単に出せるサラダぐらいしか登場しない食卓でした。もしかしたら、野菜が少ないからこんなに風邪を引くのかもしれない。そう確信したそのときに、料理スイッチが入りました！

猛省して野菜をたくさん購入し、まとめ料理に取り組みます。日曜日の夕飯が終わると、月曜日から使う食材の下ごしらえや副菜づくりに取り掛かります。

ブロッコリーやアスパラガス、ニンジンは一口大にして塩茹でしてタッパーへ。こうしておけばいつでもちょっとずつ使えます。もやしもすぐにゆでてナムルにして冷蔵庫へ。ひじきの炒め煮、きんぴらもたくさんつくっておきます。鶏肉の手羽を甘辛く煮ておいたり、少しずつ工夫が広がりました。

最初はなかなかうまくできなかったのですが、まとめ料理や冷凍保存できる下ごしらえの料理本を参考にしていくうちに楽しくなってきて、何気なく使っていた素材の活用方法が増えていきましたし、料理のバリエーションも広がっていきます。工夫するために情報を集めていくことで意外に簡単につくれることがわかったり、一度つくると要領を覚えたりしてスキルが上がっていき、冷蔵庫を食材が入ったタッパーでいっぱいにしたときの達成感を感じるようになりました。

そうすると、これまでの料理に野菜料理をもう1品つけることができるようになったり、私の帰りが遅いときも子ども達で温めて食べたり、高校生になってお弁当が必要になるとさらに役に立つようになりました。まとめ料理で時間にも心にもゆとりができ、私も疲れにくくなり、子ども達も風邪をひきにくくなっていきました。1人でやるのは大変です。家族に手伝ってもらって平日の料理が時短になるようなまとめ料理の日をつくってみてはどうでしょう?

最近は冷凍技術が進んでかなりおいしいお惣菜がいっぱいです。上手に活用してみてください。毎日の献立に悩まず、時短料理ですぐに食卓について食べることができれば、自分も家族もうれしいですよね。

７　仕事と子育ての両立　～仕事編

・仕事も子育ても楽しんで

私が長女を出産したのは元号が平成に変わったばかりの１９８９年でした。もう30年近く前になるのですが、当時は3歳までは親の手でという声もまだまだ多かった時代です。保育園に預けるなんてかわいそう～と言われたこともあります。今では考えられないですね。

出産して子どもを持って初めて、無条件に愛おしいという感情を知りました。でも初めての育児はわからないことだらけで本当に毎日パニックでしたし、毎日のように不安で泣いていたと思います。いわゆるマタニティブルーというものだったんだなぁ～と気づくのはかなり後です。

１年ほど子育てに専念して少し余裕もでてきた頃、私の中でフツフツと「働きたい」という気持ちが湧いてきます。「母」である私も、「仕事をしている」私もどっちも手に入れたいと思ったのを昨日のことのように思い出します。両親が他界していたので実家もなく、夫の実家も遠方だったためサポートは得られない状況の中、いろんな試行錯誤をしてきました。

また、管理職として若いメンバーが育休や時短で働く姿もみてきましたので、両立する側、サポートする側のどちらの視点も持っていると思います。

今、まさに子育てと仕事を両立中の人、これからその予定がある人、予定はないけれど将来そうなるかもという人にも役立ててもらえる、両立のヒントをいくつかご紹介したいと思います。

・理解してもらうためにはやるべきことをやる意識を

育休で復帰する女性社員向けの研修でいつもお伝えしているのは、子育てと仕事の両立を職場で理解してもらう近道は、仕事の役割をきちんと遂行する意識を持つことです。少し厳しいかもしれませんが、働く人としての自覚と責任は大切だと思います。

言うまでもなく、出産や育児のために育児休暇を取得した後も、復帰後は保育園のお迎え等で時短勤務になることが多いと思います。そんな限られた時間の中で仕事の役割をきちんと遂行するのはとても大変なのも十分理解しています。それでも、働く仲間にサポートしてもらうために「私は時短だから」という意識ではなく、できることをきちんとやるという意識を持つことが欠かせないと思います。

以前勤めていた会社では、女性が組織の半分を占めていました。若い人が多かったので、まだ結婚しても子どもがいる人は少なかったように思います。それが少しずつ出産のニュースが聞かれるようになりました。育休取得率も上がっていきます。そんなとき、人事から聞いたのは「育休復帰者をどうしたらいいか?」という悩みでした。若い人が多い会社だったので、育児休業制度や時短勤務の制度を取得した前例があまりなかったんですね。

ほどなく社内のあちこちに育休復帰で時短勤務の社員が増えていきます。おめでとう！　と祝福するムードでなごやかになるのは一瞬。その後、あちこちから不満が出るようになります。

「すぐに保育園から呼び出されて帰ってしまうから、何の仕事を任せていいかわからない」

「時短なんだから早く帰るのも当たり前、仕事は中途半端でもしかたがないという態度が周りの反感をかう」

これから先は、働き方改革が進んで柔軟な働き方も認められるようになっていくと思いますが、今もまだこんなトラブルがあるのが現状です。

まずは時短勤務であっても働く一員としてのプロ意識は持ってもらいたいと思います。そういう姿が先にあって、周囲がそれを認めているとき、突然の呼び出しで帰ることになっても快くサポートしてもらえたり理解してもらえるようになるのだと私は思います。

では、どんなことをしたらいいのでしょうか。

・呼び出されること前提でスケジュールを考える

今は個人が携帯電話を持つ時代ですが、私が子育てしていたときは職場へ保育園から電話がかかってくることがほとんどでした。「松岡さん、保育園から電話です」と言われると、ものすごく気分が落ち込んでいくこともしばしば。周りにいる社員も当然その声を聞いていますから、申し訳ない気持ちにもなって恐る恐る電話口にでたものでした。その後、ポケットベルという電話の通知が届く機械を持つようになって、私が携帯電話を持つ頃は、娘達は小学生になっていたと思います。

今朝は元気だったのに、保育園でお昼寝から起きたら発熱、慌てて迎えにいくことも何度もありました。娘2人ですから、1人が病気になればもう1人と連鎖反応。しばらく仕事に行けないこともありました。職場に休む連絡をするときの罪悪感は、今でも忘れられません。

保育園からの呼び出しは突然にやってきますが、そうであれば呼び出されるものだと思って仕事したほうがいいということだと思います。いつ呼び出されても困らない仕事の仕方をすることが大事です。仕事をやり遂げる意識が、それを可能にします。結果的に子どもの看病で仕事を休まざるを得ず、最後までやり遂げることができなかったとしても、普段からやり遂げる意識を持って仕事に取り組んでいることで、周りにサポートしてもらいやすくなります。

周りも日頃の取組みを見ているので、自然にサポートしようという気持ちが湧いてきます。職場の理解を得るために、できることから取り組んでいきましょう。

・自分をブラックボックスにしない仕事の仕方

子どもがいないときは、自分で仕事のスケジュールを決めて進めることができました。ちょっとがんばりどころだ！　と思うときや忙しいときは残業もできたし、時間にゆとりがあるときは早く帰って夜予定を入れたりできましたが、子育てしながら働く場合はそうはいきません。子どもの生活が中心になっていきます。保育園や学童保育から思いがけず連絡がきてすぐに帰らなければならないという予定変更は日常茶飯事でした。

そんなとき一番大切な仕事の仕方は、自分をブラックボックスにしないことです。常に仕事の進捗を共有していることが大切です。これまでは必要なときだけ上司に報連相をしていたかもしれませんが、常に誰にでも自分の仕事がわかるようにしておきましょう。

例えば、資料づくりをしている途中でもできたところまでの状態で共有サーバーなどに保存しておけば、急に休むことになっても資料の続きを誰かが引き継ぐことができます。作成途中だからとファイルを自分のパソコンのローカルディスクにだけ保存していたら、たいていはパスワードロックがかかっているので、他の人が見ることはできません。

作業途中のものも共有できる場所に保存しておくこと、仕事のスケジュールやＴＯＤＯリストは他の社員が確認できるところに置いておくこと、それだけで周囲が協力しやすくなります。

休みの連絡をするときも、「○○の資料は、△△のフォルダの中にあります。今週のスケジュールはデスクの上にあるので確認してください」と、明確にお願いすることができ、引継ぎがしやすくなります。

ほんの少しの心がけで、周りのサポートを得やすくなるのです。

・状況はこまめに報告を

子どもの病気が治って復帰したら、今回はこういう状態だったのでお休みいただきました、と上司や周囲に報告を入れておきましょう。中には子育て経験のある人がいて、いいアドバイスをくれるかもしれません。それに、今後結婚出産するかもしれない若い世代に、いろんなことが起こる可能性を教えてあげることもできます。

数日休むときも、ただ「休みます」ではなく、「病院では3日は保育園を休むように言われた」などの状況報告を入れることで、職場ではこの3日間の対策を考えることができます。

仕事がどうしても外せないとき、パパに休みをとってもらった、病児保育を利用した、ベビーシッターに来てもらった、実家から母に来てもらったなど、仕事のためにいろいろと工夫している姿を見れば、誰しも協力しようと思います。大変な状況だからこそ、共有しておくことも大切なのです。

理解してもらうためには、サポートが必要な状況を説明することも意識していきましょう。

・感謝の気持ちを忘れずに

職場での立ち居振る舞いとして、やはりサポートしてもらったのなら「ありがとう」の感謝の気持ちを忘れずにいて欲しいと思います。それも自分から伝えるようにしましょう。いつもフォローしてくれる人がいるなら、「いつもありがとう、私が手伝えることがあったら言ってね」とギブ&テイクの気持ちも添えておくといいと思います。

「子どもがいるからしょうがない」という態度ではなく、「仕事も子どもも大切にしたい」という気持ちがきっと周囲の理解につながります。

小学生と保育園児の兄弟を持つEさん、子ども達が続けてインフルエンザになったことで一週間のお休みを取らざるを得なくなりました。子ども達も病気が治ってママも復帰しましたが、そのとき「ご迷惑をおかけしました」とお菓子の詰め合わせを持ってきたことがありました。

本人は申し訳なさや感謝の気持ちを伝えたかったのだと思うのですが、そこまですることはないよ、と伝えたことがあります。彼女が、子どもを理由に休んだ後は菓子折りを持ってくるという習慣の発端になってしまうからです。他のママも同じようにお菓子を持ってこなくては気が引けるようになりますよね。

そこまでする必要はありませんが、子どもが理由のお休みから復帰したら職場の人には「ありがとうございました、突然お休みしてご迷惑をおかけしました」の一言を忘れないようにしましょう。

8　仕事と子育ての両立　～生活編

・子育て中が地域とつながるチャンス

すでに子どもを育て上げている私が特に感じることの１つに、地域とのつながりが薄くなることがあります。子育てしているときは、住んでいる地域に知り合いが増えて声をかけあう関係もありましたが、子ども達が大きくなってから転居したところでは、ほとんど同じマンションや地域の人との関わりがなくなってしまいました。そういう意味では子育て中こそ、地域とのつながりをつくるチャンスだと思います。

保育園や幼稚園の保護者会、小学校・中学校のPTA活動などには比較的参加するようにしてみてはどうでしょう？　仕事と家庭・子育てのことで手一杯で、そんなゆとりはないと思う人も多いでしょうが、活動に参加するメリットもあります。

私は、保育園父母会会長、学童父母会会長、小学校のPTAの委員長、副委員長などけっこう忙しい中でもやってきたほうです。保育園や学童保育の父母会は、みんなが働く親ということもあり、運営会議も可能な限り休日に設定したり事前に資料を配布して短時間で終わるように工夫していました。

お迎えのときに子ども達の顔は知っているけど親のことは知らないことが多かったのですが、父母会で親同士が会うといろんな職業の人がいて、いろんな刺激を受けることができました。

また、小学校のPTA活動でも、子ども1人について1回は引き受けるのがその学校のPTAルールだったので、2回やればよかったのですが、何だか余計にあと1年、本部役員をやってしまいました。それだけ楽しくてメリットがあったのだと思います。

PTA活動は平日に行われることもあるのですが、そこは出られないので会議に出られない代わりに書類作成等の仕事を率先して引き受けるようにしていました。パソコン作業が苦手なお母さんも多かったので、何だかとても喜ばれました。平日出られなくても許してもらえたのです。

役員決めのとき、長になるのはだいたいみんな嫌がります。そんなときも、「委員長になることはかまわないのですが、平日は動けないですがいいですか？」と聞くと、自営業のお母さんが学校とのやりとりを担ってくれたり、経理職のお父さんが会計を担当してくれたりして、次々に役割が決まっていき、委員長になっても結局あまりやることがなかった思い出があります。

委員長になるとＰＴＡ会長とも連絡を取ることが多くなりますが、会長も会社員のお父さんだったため、必要なことはメールでやりとりしたりと工夫していました。できないと言うばかりではなく、自分ができることをちゃんと伝えると、協力者がたくさん出てくるんだなぁ～と感じます。

松岡さんと一緒だと委員会活動が楽だと思ってもらえたらしく、「今年は何やるの？　一緒の委員会に入る～！」と言ってくださったお母さんが何人かいて、ちょっとうれしかったです。

・地域のこと、学校のことがわかるように

地域活動に参加するとまず、今まで知らなかったお母さん・お父さんと交流ができます。中には地元の方もいるので、地元のことを詳しく教えてもらえたり、お祭りに行っても顔見知りが多くて楽しめたりします。

我が家は2歳違いの娘２人ですが、長女の中学校と次女の小学校の運動会が延期の影響で同じ日に開催されたことがありました。短い距離だとはいえ、１人親の私はどちらも見に行くために行ったり来たり。そんなとき、ＰＴＡ仲間のママ達が協力しあってメールでやりとりしたことがありました。「今から始まるよ～」「これから応援合戦だよ～」そんなやりとりをしながら、プログラムを手に道を往復する親達。なかなかいい思い出になりましたよ。

それに1番よかったのは、保育園の先生や小中学校の先生と会話する機会が増えることで、働いていて日中知ることができない子ども達の生活や勉強のことを折々に知ることができたことです。また、地域に知り合いが増えると、子どもが学童保育から帰宅する道でも誰かが見てくれていることもあるので、安心が増えていきます。

当時一緒に活動したママ友とは、今も時折ご飯を食べに行く間柄です。専業主婦だから、働いているからではなく、1人の親として女性としていろんなことが語り合える仲です。大人になってから友達をつくるのってちょっと難しいですけど、ステキな出会いになりました。

地域活動は面倒だと感じるかもしれませんが、自分のできる範囲で参加してみてはどうでしょうか。家庭の現実に即していない活動方法等、いろいろ問題も多いかもしれませんが、働く親も増えてきていますので、少しずつ変えていけるかもしれません。「働いているのでできません！」と言ってばかりではなく、「働いているので時間は限られるけど、これならできます」とできることを伝えてみて協力体制を組むのも方法だと思います。

9　自分の応援団をつくろう

・頼れない不安を抱える日々

私の子育ては、頼れる人がいない中で毎日が不安との闘いの日々でした。しかも親の不安を察知してかよく泣く娘。周りに虐待だと思われないかと思うほどでした。案の定、近所に住んでいる生命保険の営業の方に「泣き声がするから」と訪問されてしまいました！　もうショックでしたね。寝かしつけてもすぐ起きて泣き始めるので、座って壁に寄りかかり、ラッコのような形で娘を抱っこしたまま親子で寝てました。余裕がなくて、何をやっても不安で、無料の電話相談とかに電話したりして、それでも解決しなくて。親としての資格がないのではないかと落ち込んだりもしました。

頼れる人がいないって、本当に不安です。まだ個人用のパソコンも普及していなくて当然携帯電話やスマートフォンもなく、今のように情報がすぐに手に入る時代ではなかったので調べることもできず、体力的にも精神的にも、孤独な育児はツライものでした。出産前から自分をサポートしてくれる人や相談機関を調べておくことが大切だと思います。

・自分の応援団をつくろう！

ワーク・ライフ・バランスは、共に生活する家族と協力し合うことが一番大切ですが、ちょうど年代的に働き盛りでもあり時間的な協力は難しいこともあると思います。そんな状況のとき、私がどうやって孤独な子育てから脱出したかというと、実に簡単なことの実践でした。生後3か月の娘を連れて公園をお散歩しにいくことを日課にしたのです。今は公園デビューなどといって、すごく緊張するイベントになっているみたいですが、もう少しのんびりした時代だったのかもしれません。

公園に行けば子どもを遊ばせているママ達がいっぱいいて、赤ちゃんを見ると話かけてくれます。

次第に知り合いが増えて交流が生まれました。そのうち、小学校の先生で育休中のママと仲良くなります。娘とほぼ同じ月齢の男の子のママで、公園だけでなくお互いの家を行き来したり、一緒に出掛けるようになります。子育ての悩みは、自分一人ではないんだ、と心強く感じました。

次女が1歳になる頃、少し広い家を探して引っ越しました。新築の賃貸でファミリータイプだったこともあり、同じような子どもを持つ若い世代がたくさんいましたので、公園仲間が増えていきます。

フリーライターとして働きながら子育てしていたのですが、新しい仲間達と絵本の読み聞かせをするサークルを立ち上げます。集会室を借りることができ、本は市立図書館の団体登録で借りてきて、定期的にお話会を開催したりしていろんなママ達と交流していきました。

そのときの中心メンバーとは、今も年に何回か会う大切な友人です。保育園から帰ってくると3～4件の子ども達が一斉に我が家に流れ込んできて遊ぶのが日常でした。私は簡単な家事をしながら子ども達をみていると、1度家に戻ったママ達がお鍋やタッパーを片手に集まってきて、それはもう毎日がパーティーのようでした。20代後半から30代のママ達、働いている人も専業主婦もいる中でこれからの仕事やキャリアをどうしようかという深い話も結構したと思います。

そんな気の合う仲間が応援団になってくれたから、今があるなと感じています。長女が小学校で熱を出したとき、仕事で外出していた私は友人に連絡して迎えにいってもらったこともあります。逆に休みの日に結婚式に出る友人の子どもを預かったりもしました。お互いが大変なときに助け合うことができるつながりを地域につくることで、働きながらの子育てを楽しくするだけでなく、生涯の友人をつくることもできるんだと実感しています。

あなたも、今の時代にあった地域への参加を考えてみてくださいね。仕事も子育ても生き方も話し合える心強い応援団をつくることで、豊かな気持ちになれると思います。

10　たまには自分にごほうびを

・ワーク・ライフ・バランスを考えることは人生を考えること

仕事と生活の調和であるワーク・ライフ・バランスを考えることは、自分の人生の時間の使い方を考えることだと思います。自分の人生の時間を、どんなふうに過ごしていきたいのか？　どんなふうにありたいのか？　どう生きたいのか？　とつながっていくのです。いわば、生き方・キャリアを考えることにつながります。

人生の時間というと、少しおおげさに感じられるでしょうか。若い人にとっては、まだまだ未来が長く続くと無意識に思っていることも多いと思います。私も若い頃は、自分の人生の時間はずっと続くことが前提で、どんな仕事をしようか、子ども達との生活をどうしていこうか、考えていたと思います。

その意識が変わったのが30代半ばです。実は、両親がちょうど30代半ばで他界しています。「親の年齢を超えてしまう、ここからはロールモデルはない」と、切実に感じました。目の前で短い人生を生きた人が2人もいるものですから、人生はいつか終わると私は知っています。そうであれば、今、ここに生きる私はどうしたいのか？　どうありたいのか？　を考えるようになったのだと思います。そこが、人の人生やキャリアに興味を持つ根源だったかもしれません。

日々の生活を積み重ねて1年がすぎ、1年1年を積み重ねて10年になり、そうやって人生の時間を紡いでいきます。だからこそ、毎日のワーク・ライフ・バランスを大切に考えて欲しいなと思っています。

本章では、仕事と生活の両立に必要な時間の使い方から、働くママ向けの子育てと仕事の両立についてお伝えしてきました。毎日を自分らしく暮らすためのヒントになっているとうれしいです。

・自分と自分の時間を大切にする

そして、一番大事なことを最後にお伝えしようと思います。それは、自分と自分の時間を大切にするということです。

仕事では役割を担っていてその達成のためにがんばらなければなりません。家事や育児も仕事と同じようにがんばってしまうと、疲れてしまいます。疲れは少しずつ蓄積して、身体にたまっていきます。疲れていると気持ちにもゆとりがなくなっていきます。

ゆとりがなくなると、ちょっとしたことでもイライラしてしまい家庭の中がギスギスした状況になります。何もいいことがないですね。疲れたと感じたら、食事は手を抜いて何か出前を頼むとか外食するのもいいと思います。働きながら暮らすために、自分を大切にしてあげてください。あなたが元気でなければ、家庭は回っていきません。

女性は比較的他者のために何かをすることに喜びを感じる人も多く、自分よりも仕事や家族を優先してしまいがちです。せっかく1人で買い物に出たのに、買ったのは家族のものばかりだったなんていう経験が私にもあります。自分を優先することに罪悪感を持ってしまう人もいます。

たしかに、自分以外の周りの人や事柄を優先することも大事なことではありますが、ときには自分だけの時間をつくって、自分を大切にしてあげることが必要だと思います。

・心がわくわくする時間をつくる

例えば、子どもの頃や学生だったときは、どんなことをして過ごしていたでしょう？　自由に自分の時間を使えた学生時代、何が楽しかったでしょうか。友達とあちこちショッピングして回ったり、食事をしたり、旅行したり。その資金のためにアルバイトしていたなんていう人もいると思います。

あるいは、何かこだわって集めているものがあったとか、大好きなアーティストがいたとか、心がわくわくすることがたくさんあったのではないでしょうか。私は中学～高校の頃、洋楽を聴くのが大好きでしたが、大人になって少しずつその時間が少なくなってしまいました。社会人になると、子どもの頃のわくわくした時間が、少しずつ仕事や生活に変わっていってしまっています。50代の今、すこしゆとりもできたので今は懐かしくなった洋楽を聴き始めました。大人になる前に夢中になったこと、わくわくしたこと、大好きだったことを思い出して、その時間をぜひ増やして欲しいと思います。

たまには、家族ではなく1人で外出してみるのもいいと思います。美術館で絵画の展示会を見たり、映画を見に行ったり、緑の多い場所で過ごしたり、日帰りバス旅行に行ったり・・・心がわくわくすることをしてあげてくださいね。

私はもう子育てはしていませんが、時折仕事の疲れがたまると友人とバスツアーに参加して、行ったことがない場所を楽しんだりします。ちょっと奮発して1人でスパに行くこともあります。岩盤浴・温泉・マッサージのフルコースを自分のごほうびにしています。

疲れているときは、人ごみは避けたほうがいいかもしれません。何かのスクールやセミナーのような学びも刺激が多い分疲れてしまうことがあります。できればリラックスできる場所がいいと思います。仕事でもなく、生活のことでもなく、自分が喜ぶことを中心に考えて時間を使うことで、また元気に過ごすことができるようになります。

自分のために自分の時間をつくってあげるって、とても豊かなことだと思いませんか？　ネイルサロンに行くとか、髪を切りに行くとか、自分のための時間をつくってみてください。

自分へのごほうびも時々取り入れていきましょう！

第4章

心が元気でいるための10のヒント

キャリアカウンセラーは、主に職業に関わることを中心とした相談を受けることが多いのですが、実はその範囲は単に適職の相談にとどまりません。働くことは生きることにつながります。どんな人生を送りたいかを考えることになります。そのため、相談者の気持ちにも向き合うことも多いのです。そんなご相談の中での事例を通して、心が元気でいるためのヒントをお伝えします。

1　悩みを言葉にしてみよう

・モヤモヤを言葉にするには

「仕事が向いていないような気がする」

「毎日がなんとなくつまらない」

転職や仕事上の悩みの相談は、だいたいこんな言葉でスタートすることが多いです。毎日の仕事がおもしろくないのは、やっぱりいやですよね。何となくモヤモヤしている気持ちを言葉にすることは、なかなか1人では難しいものです。1人ではぐるぐる考えてしまうだけで、自分の世界を考えが脱することはありません。だから、いつも同じ答えになってしまいます。

かといって、例えば同じ職場で働く同僚に話しても、状況がわかるだけに会社の方針や上司へのグチ・不満ばかりになってしまうことがあります。友人への相談も気をつけないとモヤモヤの解決にはつながらないことも多いです。話し始めたのはいいですが、「そうそう、私もね・・・」なんて、友人の話にすり替わってしまって返って友人の話を聞くことになったことありませんか？

家族に相談すれば、心配が先にたつので「あなたのやりたいことをすれば？」と、気持ちの解決よりも次の転職先に話がいってしまうこともあります。気持ちがモヤモヤしているからといって、すぐに心療内科や精神科などの医療機関に行くのはハードルが高いと感じることもありますよね。

「何となく」と思っていることやモヤモヤした気持ちを話すのは、キャリアカウンセラーや、産業カウンセラーなど、客観的な立場で話を聴いてくれる人に相談してみると、ゆっくりと話すことができ、モヤモヤを言葉にする手伝いをしてくれます。

日々相談を受けながら、話すって不思議だなと思うのですが、話すことで相談者自身が気がついていなかったことを見つけられることも多いのです。

ぜひ、客観的な立場で話を聴いてくれる傾聴スキルのある専門的な相談先をみつけてください。

・話すことで思考と感情を整理していく

相談者から、「何となく仕事が向いていない気がする」という悩みを聴いたとき、私たちキャリアカウンセラーはまずその感情をそのまま受け取ります。

「何となく向いていないと感じているのですね」

その人の感情はその人のものです。そう感じていると言葉にしたのには、きっと何かのきっかけや感情の元になる行動があったと思います。

「いつ頃からそう感じ始めたのですか？」

「何かきっかけはあったのでしょうか？」

そのきっかけになった出来事や時期についてもたずねます。すると、相談者は自分の思考の中をさかのぼり始めます。

「実は、以前こんなことがあって・・・」「去年の春頃から・・・」

思考が過去にさかのぼり始めたら、そのときどんな感情を持ったのか？　どうしてそう感じたのか？　事実だけではなく、相談者の感情にもフォーカスしていきます。

質問に対して考えて答えてもらったり、関連性を考えてもらうなどを繰り返しながら、1回およそ60～90分の時間を使います。

質問には大きく分けて2つの種類があります。

1つは、事実や答えがあることを聞く「クローズド質問」。

もう1つは、答えがないことを聞く「オープン質問」です。オープン質問では、「どうしてそう感じたのでしょう？」「どんな気持ちがしましたか？」等、相談者にしかわからない、正解のない質問をします。その質問をすることで思考を深めてもらいます。

相談後の感想では、「話してすっきりしました」「自分でも気づかなかったことに気づけました」「○○がきっとイヤだったんだろうなと感じました」など、モヤモヤしていたことがすべて解決に結びつかないときでも、少し思考や感情の整理ができたと話される方が多いです。

もし、身近に傾聴して問いを投げかけてくれる人が見つからない場合は、紙にペンで気持ちを書き出していきましょう。スマートフォンのメモアプリなどではなく、実際に手を動かして紙に書くほうがいいと思います。話す行為と同じで書くときも、頭で考えた言葉を脳が指令を出して手に伝え、手が書いた文字を目で見て脳が認識するので、何度も自分の意識に伝えることができるからです。

書くときは、何かの文章を書こうと思わないことがいいと思います。今、あなたの頭にある言葉を脈絡なく書き出していきましょう。

「つまらない」「向いてない」「○○が気になる」「Aさんが苦手」「仕事でミス」「がっかり」「つらい」・・・等々。

書いているうちに、心がどんな言葉に占領されていたのかが見え始めます。何度も書く言葉や出来事があれば、きっとそれが心に引っかかっていることかもしれません。相談の中で私達が問いかける「クローズド質問」と「オープン質問」の要領で、あなたの思考に問いかけてみてください。少しずつ、モヤモヤの本質にたどり着いていくと思います。

モヤモヤした気持ちがあるなら、話すこと・書くことで心の整理をしていきましょう。

２　苦手な人への対処法

・職場の上司と合わない

就職希望の学生や転職活動中の方は、「人間関係の良さを重視している」と口にします。そうですね、確かに会社の雰囲気やコミュニケーションの状況は、働く上でもモチベーションに大きく影響しますので、とても大切だと思います。

ただし、世の中にはどうしても苦手なタイプの人やうまが合わない人はいるものです。すべての人と良好な人間関係を保ち続けるのは、なかなか難しいのが現実です。「上司が嫌い」「苦手な同僚がいる」「後輩とコミュニケーションが取れない」等、仕事上の人間関係の悩みは永遠のテーマです。

Fさんは、「上司が苦手で、仕事にも影響していて転職しようかなと考えています」と話してくれました。40代の女性の上司が、かなりアグレッシブでしかもロジカルなタイプだそうです。じっくり落ち着いて考えたいFさんとはスピード感も合わないので、常に上司からせかされてしまうといいます。

ただ、現在担当している人材開発での仕事にはやりがいや楽しさを感じていて、上司さえ変わってくれればとひそかに思っているといいます。仕事はやりがいを感じているので、上司と合わないというところが解決できれば転職までしなくてもすむように思いました。

・自分が変われる部分を考える

職場でよくコミュニケーションを取る人との関係性は、どうやったらよくしていくことができるのでしょうか？　何か人間関係で困ったことがあったとき、心理学者エリック・バーンの「交流分析」という理論の中での言葉を思い出します。

「他人と過去は変えられない、自分と未来は変えられる」

「どうしてあの人はいつも○○なんだろう」とその理由を突き詰めたところで、相手が変わることはないのです。それでもその人と一緒に仕事をしていく必要があるのだとしたら、自分の受け取り方や行動を変えていくことで明日からの仕事が円滑になる方法を考える方が建設的です。

ＷＥＢ制作のプロジェクトを持っていたときのことです。顧客と打合せをしているといろんなアイデアが浮かんできて、お互いに協力していいものをつくりましょう！　と盛り上がることもしばしばでした。

打合せの内容を持ち帰って、いざシステムエンジニアに伝えると、「そんな話聞いてないです、以前○○でつくるって決定しましたよね？」とたっぷり叱られてしまいました。ほんの少しの修正も、今まさに制作中のシステムには大きく影響するのです。

それをやすやすと受けてきた私がいけないのですが、その彼の言い方がホントに厳しくて何度も落ち込んだ経験があります。彼は職業柄非常にロジカルで冷静です。一方、私は思いつきで行動することが多いタイプ。お互いの考えが理解できず、わかりあえないと感じることもあったほどでした。

そんなことを何度か繰り返すうちに、すっかり彼に苦手意識を持ってしまった私。仕事上で会話しなければいけないときは、声をかけるにも勇気がいるようになっていました。「あの人、怖いんだよなぁ」「あ〜、またツメられるのかなぁ」内心ビクビクしながら声をかけていたのです。それは他のメンバーにも伝わっていたようです。同じように彼が苦手だと話してくれるメンバーもいました。

これではチームにいい影響はない。何とかしなければと思ったときに、「他人と過去は変えられない、自分と未来は変えられる」の言葉を思い出します。そう、彼を変えることはできません。私の彼へのコミュニケーションを変えればいいのだと自覚したのです。

「だいたいこんな感じで」「おおよそ○○だから」といったあいまいな表現を多用する私、それにイライラする彼という構図が見えたので、彼に話すときは、結論から先に、論理的に話すように意識し始めます。

「案件の○○の部分で聞きたいことがあるんだけど」と切り出し、何について話したいのかを先に伝えます。「△と×の実現が可能か教えて欲しい」「ここがわからない、教えて欲しいんだけど」等、聞きたいことも端的に伝えるようにしたら、相手は何に対して答えればいいのかがわかり、徐々にイライラが解消されていきました。もともと悪意のある人ではないので、関係は少しずつ良好になっていきました。

自分の対応の仕方を変えてみることで状況が変わることがあるのです。

・タイプによって話し方を変えてみる

Ｆさんの場合も、上司はスピード感がありロジカルなタイプです。上司にしてみればＦさんがどのくらい仕事が進んでいるのかわからなくてハラハラ、イライラしているのかもしれませんし、心配しているのかもしれません。まずは、こまめに進捗を報告するようにすると、上司の不安は解消されてむやみに焦らされることも少なくなると思います。

じっくり考えたいときは、「○○については、他部署にもヒアリングして検討したいので2日間かけてまとめようと思っています」といった予定も伝えておくと、「どうなってるの?」とせかされることも減ってくると思います。上司がせっかちなタイプなら、こまめな報連相をして仕事を見える化しておくといいと思います。

管理職時代の研修で受けた、人のタイプ別の対応が今も印象に残っています。私は、外向きでアイデア重視なタイプに分類されたのです。そのとき講師が私に質問しました。「松岡さん、最近どうですか?」そう聞かれればもう反射的にこう答えます。「まぁぼちぼちです」。講師の方は、すごくその答えに満足されていました。その後すぐに、論理的で分析家のタイプの人にこう聞きました。「○○さん、最近どうですか?」質問を受けた人はすぐに「何がですか?」と答えたのです。

そう、論理的で分析家の人にとっては同じ質問でも「何について聞かれているのか?」を確認しないと答えないのですね。ところが能天気な私は、とりあえず挨拶のように「ぼちぼちです」と答えてしまうわけです。思考のクセの違いがまざまざとわかるやり取りでした。かなりショックな経験でしたし、講師が私の答えに満足していた理由もよくわかりました。まんまと講師の思い通りに答えてしまったのですから。

・人は自分と同じではない

タイプが違えば、受け取り方も考え方も違います。

「普通○○だよね」というときの「普通」は、たいていその発言をした人の過去の経験や育った環境、思考の傾向によって定義されているものだと思います。「普通」という定義は人それぞれ違うということです。

自分の受け取り方や考え方と相手が同じとは限りません。年齢・性別・育った環境・学んできたこと・考え方・価値観・・・いろんなことが違うのです。ある企業では社員に適性検査を行い4つのタイプに分類し、タイプごとに象徴される動物の絵を名札に書き込んでいるそうです。名札を見るだけで、相手とのコミュニケーションの方法がわかるようにするためです。タイプごとに自分のアプローチを変えていくための研修なども行って、いい職場の人間関係を構築しようとしているとのことでした。

コミュニケーションは双方向で行われるものです。相手があって初めて成立します。職場で苦手なタイプの人がいても、その人と会話しないわけにはいきません。会話はキャッチボールだと言われます。相手に投げるとき、相手が慣れていない剛速球を投げてしまったり、あらぬ方向に投げてしまっては受け取れません。自分が投げたいようにボールを投げてしまったとき、受け取れないボールを見て相手はどんな気持ちになるでしょう。きっと「イヤな気持ち」だけが残ってしまいます。相手が受け取れるタイミングで、受け取りやすい投げ方をしていって初めてお互いのキャッチボールが成立します。

自分が変えていくことで、明日からの仕事が変わっていくかもしれませんよ。

３　仕事を抱え込みすぎない

・仕事を抱え込んで毎日深夜帰宅

責任感の強い人は、ついつい仕事を抱え込んでしまうことがあります。毎日が残業続き。何か１つが終わってもまた次の大きなタスクが降ってきて、いつまでも終わらない。そんなジレンマを抱えて、心身ともに疲れ果てて会社を辞めようかと思っているというGさん。

お話を聴くきっかけは、実はGさんの上司からの連絡でした。上司としてGさんと何度か面談をするものの、なかなか本音が聞き出せず助けて欲しいとのこと。女性同士のほうが話してくれるかもしれないと私に声をかけてくれたのです。

Gさんはとても落ち着いたしっかりした印象の女性でした。今の会社もデザイナーの仕事も好きだと言います。でも、あまりにもタスクが多くて、毎晩深夜帰宅。休日も自宅で仕事をしていることも多いのだそうです。少し転職も考え始めていました。

お話を聴くと、実は以前勤めていた会社も仕事がハードすぎて体調を崩して辞めているといいます。どうやら今、同じような状況になっていることが考えられました。

早速、仕事の状況を聴くと、さすがにそれは１人では難しいのでは？　と感じるほどやるべきことがいっぱいの状況です。担当している仕事だけでなく、社内プロジェクトにも参加していました。

また春から部署に入った新人の教育係も担っているといいます。仕事に集中したいのに、仕事以外の役割が重なっています。担当したからには、どれもきちんとやりたいというGさんの責任感が、毎日の深夜残業につながっていました。

・できませんが言えない

Gさんにタスクが集まってしまうのは、人から頼まれたら、何でも「わかりました」「だいじょうぶです」と答えてしまうのが原因のようでした。「できません」とは言ってはいけないと考えているのです。

聴けば前職では「できない」と言ってはいけないと上司から厳しい指導をされてきたといいます。そうはいっても人間みんな1日は24時間しかありません。どんなに効率よく仕事をしたとしても、人が働ける時間は限られているのでいつまでも仕事が減っていかないのです。

そして人はロボットではありません。ロボットだって、同じ動きをずっと繰り返していたら部品が劣化するので交換したり油を注したりといったメンテナンスが必要です。Gさんは緊急メンテナンスが必要な状態でした。

「できません」と言わないのは、一見責任感ややる気があって前向きのように感じるかもしれませんが、仕事をする上では非常に危険です。その人が抱え込んでしまうと状況が見えなくなるだけでなく、突然倒れてしまえば大きなリスクになります。そうなると仕事に大きな影響が出てしまうので、結果的に無責任なことにつながってしまう可能性があります。

私が会社員のとき、隣の部署にとても優秀なHさんがいました。彼女は、周囲からとても信頼されていて「あの人は仕事ができる」と評価されていました。仕事が佳境を迎える頃、トラブル対応などで連日遅くまで残業が続いていたので顔を合わせたときには声をかけるようにしていたのですが、Hさんは「だいじょうぶです」と言うばかりでした。数日後、Hさんは体調を崩し出社ができない状況になります。

休む前も遅刻が多くなっていたそうです。後で聴いてみると毎日かなり早い時間に家を出ているのに、通勤電車で気分が悪くなり何度も降りて様子をみながら会社にたどり着いていたといいます。もっと早くに声をかけたときにしっかり話を聴いてあげればよかったと、とても後悔したことを覚えています。

責任感のある人は、なかなか「できない」が口にできません。Gさんが同じような状況になっているのではと感じました。抱え込んでしまってどうにもならなくなる前に、誰かに助けを求める勇気も大切なことです。

・仕事をやりきるために誰かを頼ることも必要

前出のGさんには、冷静に今の仕事を書き出してもらいました。あきらかに１人の処理量を超えていると思ったので、「社内プロジェクトは、Gさんでなければできないものなのですか？」と聞いてみました。すると、「頼まれたからやっているだけで、私ではいけないわけではないと思います」との回答でした。

また、新人の指導についても新人の仕事を自宅に持って帰ってチェックすることがあるようで、「誰かと一緒に担当することはできませんか？」と質問してみました。「2人で指導を担当することもやり方を変えればできると思います」という答えでした。

私に面談を依頼したGさんの上司に状況を伝え、社内プロジェクトからはずすことや新人指導の分担を提案しました。組織にとってもGさんは戦力です。まずは適正な仕事量にして、きちんと帰宅し休養を取ること。バリュー（価値）を発揮してもらうための心身の健康が優先されました。

Gさんの仕事が、上司が知らない間に増えていってしまったのは、彼女の適切な報連相が行われていなかったことも原因です。「みんな忙しいので、できないと言ってはいけないと思っていたし誰かに頼るとその人の仕事が増えるから」という気持ちで、仕事を積み上げてしまったのです。「断ると自分にもういい仕事が来なくなるかも」という怖さもあったといいます。

「できません」と断ることも誰かを頼ることも、仕事をする上では必要なことです。キャパシティを超えた仕事を受けることでクォリティを下げてしまったり、締め切りに間に合わなくなったり、突然休むことになる方が無責任だといえます。

仕事がハードすぎる人は、一度その要因を考える時間を設けて、冷静に分析してみましょう。時には、「できません」という勇気も持って欲しいと思います。

4　周りと比べてばかりをやめる

・仕事ができないことを悩んでしまう

ＩＴ系の会社で入社3年目のIさんは、もともとは文系大学の出身でしたが、ＩＴに興味があって入社しました。しかし、この3年間、周囲の人よりも自分が劣っていることをずっと悩んでいました。

どうやら職場には理系や情報系の勉強をしてきた人が多くて、基本的なスキルができて入社しているため仕事の成果にも大きく差が出ていたようです。文系出身であることは上司も部署の人達も理解しているというのですが、Iさん自身が周りや同期に劣っている自分をとても悩んでいるようでした。

同期や同僚と比較してしまい、仕事ができないと落ち込んでしまう若手はとても多いです。Iさんも、自分が周囲よりも仕事ができないことで、「合わない」のでは？　と考えていました。周囲との比較は常に現在進行形です。状況はすぐにはなかなか変えられません。そんな毎日の中ですっかり自信を失って自分を否定してしまっているIさんに、1つの宿題をお願いしました。

「入社から3年間でできるようになったことをリストアップしてください。どんなに小さなことでもかまいません」

1週間後、Iさんはエクセルでつくった表を持ってきてくれました。そこに書きあげてあったのは入社して3年間の「できるようになったこと」です。

「電話応対ができるようになった」「ビジネスメールが送れるようになった」「名刺交換がスムーズにできるようになった」といった、新入社員が学ぶビジネスマナー的なことから、「議事録が書けるようになった」「部署のスケジュール管理ができるようになった」「〇〇のプログラムが組めるようになった」「〇〇の保守運用ができるようになった」と、仕事上の成長も書かれていました。

・できるようになったことを見る

リストを提示してくれたIさんに、再び問いかけます。

「リストを書いてみて、どうでしたか?」

Iさんは、「思いのほかいっぱい出てきてびっくりしました。何もできないのではなく、3年間自分なりに成長はしていることがわかりました」と笑顔で話してくれました。

仕事上では、上司や顧客から「できなかったこと」「できないこと」を指摘されることが多いのです。

Iさんのように同僚との間にスキルの差があると、日々の仕事の中で常に自分の「不足」ばかりを数えることになってしまいます。「できないこと」にばかりフォーカスすると、「できるようになったこと」が見えなくなります。

それでも振り返ってみれば、小さなことから大きなことまで「できるようになったこと」があるのです。そしてそれは3年の間にどんどん増えてきたはずです。「できない」という状態から経験を経て、「できる」ようになったことが生まれます。それが積み重なって今になっていることもきちんと押さえてもらいました。

少しだけ自己効力感を持てたIさん、もう少しがんばってみると話してくれました。

実はIさんには後日談があって、5年目に入ったときにまた会いにきてくれました。2年間でまた少し成長もしたのだけれど、やはり周囲の期待には十分に応えられない自分がいるのだそうです。

そこで改めて相談の中で自己分析のお手伝いをしました。

そのときのIさんは、「できないから辞めたい」ではなくやってきたことを基に自分の適性を考えてシステム開発ではなくWEBプロモーションをしたいという希望を持っていました。とても前向きに次のステップに進んでいこうとしていたのです。

「できない」からではなく、そこで「できる」ようになったことを自分の武器にして次へ進んでいって欲しいと思いました。

5　完璧主義をやめる

・がんばりすぎてしまう

30歳前後の女性の相談を受けていて感じるのは、みなさん「がんばり屋さん」だなぁということです。どんなお仕事をしていても、みなさん上昇志向を持ってがんばる人が多いです。最近はそういう人を「意識高い系」などというみたいですが、本当に意欲がある人が多いですね。

その一方で、がんばりすぎて苦しくなってしまう人も多いように思っています。

私がキャリアに興味を持つようになったのは、管理職時代に30歳前後の部下のキャリアを考えるようになったからだということは先にお伝えしました。その中でも印象に残っている出来事があります。

いつも明るく元気でムードメーカー的なJさん。仕事も楽しそうに前向きにがんばっていました。あるプロジェクトでかなり大変な状況になっていたのですが、それでも笑顔を絶やさず仕事していました。あるときお茶を入れるコーナーで2人になったので、「がんばってるけど、がんばりすぎてない？」と声をかけたのです。

その瞬間、いつも笑顔のJさんの表情が急変して目から大粒の涙が流れたのです。私としては、なにげなくかけた言葉でした。でも、「がんばりすぎてない？」という私の問いかけが、Jさんの琴線に触れたのでしょうか。泣き崩れてしまったのです。

今まで誰にも見せないようにしてきた感情があふれたのかもしれません。きっとしんどい想いを誰にも言えなかったのでしょう。しばらく肩を抱いて落ち着くのを待ちました。

「自分なりにがんばっているけど、なかなか仕事がうまくいかなくて、ちゃんと期待に応えたいと思うのだけどちょっといっぱいいっぱいで・・・」と少しずつ話してくれました。

涙を流して感情を吐露したことで少しラクになったようで、しばらくしてまた笑顔のJさんに戻っていきました。「がんばっているのはみんなわかっているよ、少し誰かに仕事を任せて休んでね」と声をかけました。私からプロジェクトのリーダーにも状況を伝え、休暇をとってもらうようにしました。

そんなことがあってから、若くてがんばっている人がいきいきと自分らしく働けるような支援ができないだろうか？　と思い、コーチングやキャリアカウンセリングを学ぶようになりました。あのときのがんばり屋さんのＪさんが、私がキャリア支援をしたい人のモデルなのです。

・１００％ではなく80％を目指してみる

私は残念ながら完璧主義だと言われたことは人生で1度もありません。おおらかさが強みです。裏を返せばムラがあるということなのだと思いますけど。完璧主義の人にしてみれば、ちょっとイライラする対象かもしれませんね。

上司に完璧主義の人がいて、何かを提出するたびにいろんな指摘を受け続けたことがありました。さすがにそのときはちょっと私も凹んでしまいました。完璧主義の人は、自分に厳しいあまり人にも厳しいことが多いです。

仕事でも何でもそうですが、１００％を目指すとなると大きなエネルギーが必要です。それも１人でやり遂げるとなるとかなりな時間労力を要します。完璧主義を自認する方に心がけてもらいたいのは、１００％ではなくまずは80％を目指してみるということです。

大枠ＯＫな状態、八割方できた状態で、一度上司や同僚などに報告したり意見を聞いたりしてみると、自分が１００％だと思っていたこと以上のアイデアや提案を受けることができ、結果として１２０％の成果があがることがあります。

仕事は1人でやるものではないので、１人で完璧を目指すのではなくいろんな意見も取り入れていくために80％を目指してみるといいと思います。

１００％ではなく80％にすることで、少しのゆとりもできます。そこを違うことに使うと視野が広がることもあると思いますよ。

6　失敗ではなく学びだと思う

・失敗が怖くて出社できない

ある企業の新入社員面談でのことです。入社後希望の職種についてやる気もいっぱいの新入社員Kさんと話をしました。希望の仕事に就けたことがうれしいだけでなく、自分よりもスキルの高い人達からたくさん学べることをとても楽しみにしていて、聴いている私もなんだかうれしくなったのです。

後日人事担当者から聞いたのですが、そのKさんが配属から1か月後の部署のミーティングでプレゼンテーションを行うことになり、いざ当日になると体調が悪くなって出社できなくなったといいます。配属６か月後の面談には、結局Ｋさんは来ませんでした。産業医のお話では、不安が募って体調に変化が出たのではないかとのことでした。

プレゼンという緊張する場面で、自分よりスキルの高い人達に伝えることに極度の不安を感じたのかもしれません。部署としては若手にいろんな機会を与えようと企画したことでした。それが裏目にでてしまったようです。

他にもある企業の新人教育担当からは、「最近の若手は会議で質問しない」と嘆く声を聞きました。実際その部署の新入社員との面談で「会議で質問することはありますか？」と聞いてみたところ、「なかなかできないです、こんなこともわからないのか？　と思われるのがイヤだし」とのこと。わからないことは人に聞く前に何でもネットで調べる時代に育った若手は、知らないことを知られるのがとてもイヤなようです。

知らないことを恥ずかしいと思ったり、失敗することをとても恐れている人が増えているように感じています。

・失敗から学ぶことのほうが自分を助けてくれる

思えば私の仕事人生の中での最大の失敗は29歳の時。あるプロジェクトで進行管理を行うサブリーダーを担っていたのですが、リーダーがとても尊敬する先輩ですごくはりきっていました。たくさんのスタッフに仕事を割り振って制作が始まりました。進行管理とともに私も個人の仕事を担当していきます。締切も近づいてきたとき、あるメンバーから一部の仕事が「できません」との連絡。もう誰かに割り振る時間的余裕はありません。私は自分で引き受けることを選択します。

無事にプロジェクトは終わりましたが、そのときのことをリーダーに指摘されます。「あなたはとてもいい人だしずっと友人でいたいと思うけど、仕事はもう一緒にできない」と言われたのです。さらに、「できないと言ってきたメンバーは不誠実ではあるけど、仕事はそっちとする」ということも告げられました。

そのときのショックは、今でもありありと思い出すことができます。「どうして？　あのときはもう期限が迫っていたし、選択肢がなかったし、プロジェクトは無事終わったのに・・・」言い訳ばかりが頭をぐるぐる廻ります。しばらくショックで仕事にならなかったくらいです。

あのときのリーダーの言葉、今ではなぜかがわかります。進行管理を担っている上で発生したリスクを、リーダーに報告せずに私が自分で仕事を抱えたことで、プロジェクト全体のリスクを隠してしまったのです。自身もタスクを抱える中、増えた仕事を何とか実行して完了できましたが、当然クォリティが下がるリスクもありました。リーダーにしてみれば、リスクがわからないことが最大のリスク。リスクがわかればお互いで知恵を絞って対応を考えることができます。

その失敗経験は、私にリスクの対応と報連相の重要性だけでなく、仕事の責任とは何かを教えてくれました。その経験が管理職になったときに生きてきます。言いにくいことはなかなか報告できないということを、身を持って知っているので、とにかくメンバーには「他に何か気になるコトはある?」と聞くことを習慣にしました。すると、「実は・・・」と話してくれるものです。失敗は必ず学ぶことがあります。そして失敗から得た学びは自分に根づいていき、その後の自分を助けてくれることになるのです。

失敗を恐れないでくださいね。失敗こそ成長の機会です。そこから学ぶことで成長につながります。失敗しないようにしてばかりいると、大事な成長機会を失うことになるのですから。

7　他人との違いを認める

・みんな違う、そこから始まる

職場の中には、世代や性別、育った環境、学んだこと、経験の違う人達が集まっています。そして価値観もそれぞれ違います。同じような価値観や感覚を持った人もいますから、そういう人とは仕事がやりやすいのではないかと思いますが、チーム全員が同じということはまれです。

能力についてもそれぞれ強みが違うことが多いと思います。

「なんでこんなこともできないの?」と若手に文句を言っても、経験がなければできないことはあります。

「このくらいは常識だよね」と言ったところで、人それぞれ常識の捉え方は違います。

できる、できない、知っている、知らない、わかる、わからない、やったことがある、やったことがない、そういったことはみんな違うのです。

マイナスばかりをあげつらっても、何も発展しません。マイナスがあるならそれをプラスに変えるためにできることを考えればいいだけだと、私はシンプルに考えるようにしています。

人との違いは、時にストレスになります。ストレスを抱えてイライラするより、「私と違うんだね」と違いを認めてしまうと、「何でだろう？　どうしてそう思うのかな？」と相手への興味が湧いてきます。「どうしたら同じ方向を向けるだろう？」と対処の仕方を検討できます。

違うことにイライラしないで、「違い」を認めてしまいましょう。きっと気持ちがラクになると思います。

・違うことをプラスに変える

あるプロジェクトで私がリーダーとなり大学で3名のキャリアカウンセラーと一緒に働くことになりました。1人は人材会社の経験が長く、求職支援のコツを知っている人で、もちろん相談対応も安心して任せていられます。もう1人はキャリアカウンセリングの経験はなく、資格も取得したばかりですが、人生経験が豊富です。その分相談者に寄り添うことができました。そしてLさんは、実務経験が少なくキャリアカウンセリングの実績もほぼないため不安がありましたが、その分若いので学生にはすぐに人気となります。

3人3様だなぁ～と思います。それぞれの個性が発揮できるようにするのが私の仕事でした。特にＬさん。ビジネス経験が少ないので書類作成でもいろいろと課題がありました。エクセル資料がつくれないとか、資料づくりで結構奇抜な色や装飾を使ってしまうとか・・・。Ｌさんなりに独学で学んだりして努力もしていましたし、少しずつアドバイスを入れてスキルも上がっていきました。そんなＬさんが、私たち他のメンバーよりも長けていることがあったのです。

Ｌさんは学生の名前と顔を覚えるのが人並みすぐれていたことです。私など、年齢のせいもあり、少々記憶力に自信がなくなってきています。学生の顔と就活の状況ははっきり出てくるのに、名前がなかなか出てこない・・・「あの人、お名前なんだっけ？」と聞けば、Ｌさんは「○○さんですね」と即答です。

実はＬさんにはアパレル販売の経験があります。店舗でお客様を待つのが仕事です。ただ待つのではなく、どんな服を手に取ったのか？　何を探しているのか？　その人が着ている服を見て好みは？　どんな服が似合うか？　など観察しながら提案していきます。何度か来店する人の顔も覚えていたというのです。

その能力は、大学での就職支援では大活躍できるものでした。そこにＬさんの強みがあるなら、それを最大限生かしてもらおう！　と考えました。それは絶大な効果を発揮します。ここにきたら覚えていてもらえるという安心感から、学生との信頼関係をつくれたのです。

違いをストレスにするのではなく、違いを認め、違いを生かすと、１人ではできなかったことも可能性が広がります。他者との関わりの中で、ぜひもってもらいたい視点です。

8　不満は過去を、不安は未来をみている

・不満は他者と過去に対して感じるもの

企業内のキャリアカウンセリングでは、会社への不満、上司への不満、仕事への不満、顧客への不満をとにかく語りまくる人に時々出会います。そんなにもたくさんの不満を抱えていては、それは仕事が面白くないのも当然です。不満というのは全部自分以外に対して感じているものです。でも他人は変えられませんし、組織を変えるのは大変です。

世の中、自分が思っているようにすべてを動かすことはできません。時に理不尽に思えるようなことも起こります。

管理職だったときは、会社の目標が組織に配分され、私の部署も大きな売上と利益目標が割り振られました。私にしてみれば「え〜、ムリ！」という数字。「ちょっと待ってくださいよ〜」と心の中でつぶやいていたこともしばしばでした。まったく現場の事情を全然配慮してくれていないと思う気持ちもありましたが、そこでジタバタしてもしょうがない。私以外の部署も状況は同じで、前年度をはるかに上回る目標が割り振られています。会社の成長のためには、みんながんばらないといけない状況でした。

「まったく、無理難題だよ〜」という不満を言っているだけでは、何も解決しません。

上司への不満も顧客への不満も、友達への不満も家族への不満も、言っているだけでは何も変わらないのです。

じゃあ、どうするのか？　を考えるしか、変化を起こせないのです。

目標を達成するためにどうする？　どういう方法がある？

家族が協力してくれるためには、どうしたらいい？

上司が認めてくれるには、何が必要？

顧客が理解してくれるために、何ができる？

過去を見ていても不満しか募りません。できるのは今行動を変えること。そこから未来が変わっていくのですから。

・不安は未来をみている証拠

不満は過去を見ていますが、いざ行動を起こそうとすると今度は不安になります。不安は未来に対して感じる気持ちです。

本当に大丈夫かな？　できるのだろうか？　うまくいくのかな？

できなかったらどうしよう？　うまくいかなかったらどうしよう？

不安を考え始めると、どんどん増殖していきます。不安が大きくなりすぎると、一歩を踏み出そうという勇気がなくなっていきます。

会社員として安定した収入を得ていたのに、私は２０１０年に突然会社を退社しキャリアカウンセラーとして独立します。当然資格を取得したばかりで何の経験もありませんし、スキルもこれから磨いていかねばならない状況です。周りからは「すごい勇気ですね」と言われました。

実は私の心は不安でいっぱいでした。「独立しても仕事がみつからなかったらどうしよう」「本当に食べていけるのだろうか？」頭の中を不安が占拠していたと思います。それでも行動に出たのは、『できない不安より、やらなかった後悔をしたくなかったから』です。

もしダメだったら別のことを考えよう。暮らしていけなかったら、副業とかアルバイトで補おう。とにかくがむしゃらにやってみよう。やりながら考えよう。

そう思うと、少し不安が軽くなっていきました。

フリーライターをしていたとき、よく「食べていけなかったら、時給が高い夜中のお弁当工場とかコンビニにパートに出ようと思っている」と口にしていました。今回もそう思っていました。友人は会うたびにそれを口にする私に、「毎回聞いているけど、一度も行ったことないよね」と言います。そうなんです、ありがたいことに一度もその機会は今のところないのですが、今も心の中にずっとあります。

未来への不安は、「だめだったら○○しよう」と自分の中にちょっとだけ逃げ道をつくってあげていることでやわらいでいきます。そしてその逃げ道にいかないために、今できることって何かを考え続けていくことが必要だと思います。それが不安に負けない方法です。例えば、健康への不安があれば、そうならないために食生活を変えるとか運動するという行動につながりますよね。

未来を見ているから不安になります。それはポジティブになれる可能性につながります。不安は、行動を変えるチャンスです。不安のために、今できることを考えていきましょう。

９　感情の言葉をたくさん使う

・短い単語のやりとりが日常化している

私は比較的若い世代のキャリア支援をしていることが多いのですが、若者はみんな簡単な言葉を使うようになったと感じています。

学生同士の会話を聞いていると、だいたい二文字か三文字で終わる言葉を交わしています。「え、マジ?」「ウソ」「いいね」「うける～」「いつ?」「どこ?」「何時?」「リョ（了解）」シンプルな言葉のやり取りだけで、だいたい通じているのがすごいですよね。１つにはＬＩＮＥなどのメッセージアプリで短い単語をやりとりすることが日常だからかな、と思います。スタンプや絵文字で会話が成立することもありますし。私も使っていますがホントに便利な世の中になったなぁ～と思います。

絵文字やスタンプ等で感情表現をする場合は、自分の言葉として語らないので、相手に直接的な感情を届けるよりやんわり伝わるのかもしれません。お互い空気を読みあって、ぶつからないように気をつけて生きている世代の特徴だと感じています。

・感情を持つことを怖がらない

そんな若者達に、キャリアカウンセリングの中ではいろんな感情に焦点をあてて質問することがあります。

「そのとき、どう感じましたか?」

日頃、感情表現を直接的にしないように過ごしているため、自分の言葉として感情を伝える機会が少ない彼らはとてもとまどいます。

「どう思ったのだろう?」

しばらく考えても、なかなか出ないケースもあります。そんなとき発せられるのはこの言葉です。

「別に・・・」

一時、芸能人が公の場で言って大騒ぎになりましたが、この「別に」という言葉、けっこう耳にします。「別に・・・」の後はどんな言葉が来るのでしょうか?

「別に、どうも思わなかった」

「別に、それほど大変じゃなかった」

感情をあまり動かさないようにしていると、何が起こってもあまり感じなくなるのかもしれませんね。

人は喜怒哀楽がある生き物です。

私は、子ども時代の生活が影響してか、喜怒哀楽の中でも「怒」「哀」を感じることが苦手です。おそらく、そこの感情を感じないように生きてきたのかもしれません。感じると苦しくなるからだろうと思います。感情の起伏があることは少ししんどいこともあります。でも、感情を持つことを怖がらないで欲しいなと思うのです。

・感情に素直になって言葉として解放する

キャリアカウンセラーの仕事でいろんな人の人生や想いに触れるようになってからは、私自身も感情に素直になろうと思うようになりました。そのほうが自然体でいられると考えたからです。喜んだり楽しんだりするときは、以前からテンション高めなので得意なのですが、ネガティブな感情も感じたことを素直に受け入れるようになりました。

ただし、心の中だけにとどめておくとネガティブ感情は知らぬ間に積もっていきます。そして勝手に増殖していきます。そのままにしておかないことが大切です。そんなときは、白い紙に感情を書き出していき、一通り書いたら破り捨ててしまいましょう。言葉として自分の外にちゃんと出すことで、感情が解放されていきます。

話すことは「放つ」ことだと聞いたことがあります。

心の中の感情を言葉にして放つことで、スッキリできると思います。

うれしい、たのしい、といったポジティブな感情は、放つことで周りの人にも伝染して、いい雰囲気をつくるのでどんどん放出しましょう。

くやしい、つらい、かなしい、といったネガティブな感情は、自分に蓄積したり周りに伝染させないために処理してしまいましょう。

10　自分を信じて自由な自分になる

・自分を信じることが「自信」

「自信がないんです」と悩む方はとても多いです。自信とは、「自分を信じる」と書きます。自信がないということは、自分を信じることができない状態なのかなと思います。自分を信じることができないと、常に何を行動するにも不安でいっぱいになります。

「自信を持って」と励まされることがあります。

きっとできると、自分が信じてあげることが大事なシーンだと思います。

「自信満々だね」と驚かれることがあります。

私なら大丈夫と自分の成功を確信していることが、周囲に伝わったからだと思います。

要はどちらも、自分なら大丈夫と自分が自分を信じてあげられているかです。例えば、大勢の前で話さなければいけない、あるいは大事な最終面接がある、など緊張する場面で自信を持つためには、そこにいたるまでにどんな準備をしてきたか？　が重要です。

結果がOKか、大丈夫かどうかは、自分が決めることではなく他者が決めるものです。

その場面までに、自分ができることはやってきたのなら、自信を持ちましょう。それまでの自分を信じてあげることができるのは自分だけです。自信は、やってきたことに裏打ちされていきます。

今、自信がないのなら、自分ができることを積み重ねていきましょう。やってきたことは裏切りません。それが少し先の未来の自信につながっていくことになります。

・自由とは自分に責任を持つことで得られる

独立起業してフリーで仕事をしていると、「自由でいいですね」といわれることがあります。たしかに組織の中にいるわけではないので、誰かに管理されることもありません。自分のスケジュールは自分で考えますし、外出の予定がなければ平日に家でゆったりまったりしていることもあります。何もしばられないから「自由」だと思われているのかもしれません。

ただ、しばられない「自由」は結構大変なのです。会社に勤めていれば、会社の規則やルールを守り、与えられた役割を遂行していればお給料がもらえます。社員としてのルールを守り、これをやればお金が手に入るという約束をしていて、会社が拠りどころとなるので安心を得ることができます。その代わり多少の窮屈さを感じることもあるのだと思います。

フリーランスになると、守るべきルールや管理されたりする窮屈さはない代わりに、すべてが自分にかかってきます。拠りどころとするのは自分自身です。「自由」は「自らに由（よ）る」と書きます。要は何でも自分で考えて、自分で決めて、自分で行動することで得られるものなのですね。「自由」であることは、それだけ自分に責任を持つ意識が重要になってきます。

責任という文字に人は過剰に反応したり怖がったりしてしまいますが、本来はとてもシンプルなことだと私は捉えています。

やるかやらないかを自分で選択して決めること。

何か間違ったら、「ごめんなさい」、「すみませんでした」と素直に自らの非を認めて謝ること。

そして次にそうならないように、よりよいものになるように行動を見直して対処すること。

仕事に対して妥協しないこと。時間がないときもその中で最善をつくすこと。

自己管理すること。

私は、こういったことを日々自分に問うように心がけています。人間ですから、間違えることもありますし、上手くいかないときもあります。理想どおりにならないこともあります。でも、この思考を繰り返していくと不思議と腹が据わってきます。責任は自分にあると思えば、行動が変わってきます。

会社員として働いているなら、自分が与えられた役割に責任を持つことで仕事の質が変わってきます。それは周りにも伝わって評価にもつながります。気がついたら組織の中でも自由が得られていくと思いますよ。

第5章

今の仕事が「合わない」と転職を考えるときの5のヒント

20代後半から30代の方のキャリアカウンセリングの中で、やはりテーマになるのは転職であることが多いです。自分の生き方を考え、自己分析をし、ワーク・ライフ・バランスを考えた結果、転職をすることを選ぶときに、おさえて欲しいことをお伝えします。「ここでいい」ではなく「ここがいい」と思える仕事に出会って転職するための、5つのヒントです。

1　社内に可能性はないかを探る

・ダメでもともと考える

転職には、大きなエネルギーが必要です。転職後の環境変化も激しいので、もしあなたが何年か勤めているのであれば、規則やルールも十分に理解している今の会社の中で異動ができる可能性を考えてみるのも1つの方法です。その会社の風土や社風に慣れていることや一緒に働いている社員がどんな人なのかがわかっています。劇的な変化の前に、社内で異動ができないか一度考えてみてください。

私自身も最初の会社は、異動したことでモチベーションが回復しました。会社の中でやってみたい仕事はありませんか？　例えば、ずっと営業のセクションにいたが人事として採用をやってみたいと思うのであれば、自己申告制度や異動願いなどを出してみるといいと思います。

「どうせダメだから」と考えず、自分から発信してみましょう。「どうせ・・・」と思うなら、「どうせ辞めるつもりだし、ダメでもともと。言ってみるだけ言ってみよう」という考え方をしてみてもいいと思います。もしかするとタイミングよく異動が可能かもしれませんし、少し時間がかかるけど、叶う可能性が出てくることもあると思います。また、会社や上司に対して自分の希望を知ってもらういいチャンスになることもあります。

実際、事業部で管理職をしていた私が独立する際に辞意を上司に伝えたとき、「実は松岡さんは次の異動で人事系の部署に行ってもらおうと思って動いていたんだよ」といわれました。「そうだったんだ」とそのとき私も初めて知りましたが、やはり組織の中ではなくフリーで独立して仕事をしたい気持ちが強かったので、退職することにした経緯があります。

もしかしたら社内に可能性があるのではないか？　という視点で、考えてみてください。

・やりたいことは発信していく

何事も発信していなければ、キャッチはしてもらえません。考えているだけでは自分の外にはでないので、誰かが気がつくことは難しいです。それとなく言っていたつもりでも、気がついてもらえていないこともあります。自分の意思はきちんと言葉で伝えていきましょう。

私のようなフリーランスの場合は、やっていること・やっていきたいことをＷＥＢサイトやブログ、ＳＮＳなどで発信していくことで、どこかで誰かの記憶に残っていったり、見つけてもらえることがあります。

実際、私のブログをたまたま読んで興味をもったと個別カウンセリングのお申し込みが入ります。これまでお会いしたことがないのに、自分の相談をしようと思うとき、私のブログを読んでどんな人なのかがわからなければ不安ですよね。平日は毎日書いているブログには、できるだけ率直に私が感じたことや考えたことを書くようにしています。読んだ方が私の人柄や考えがわかるように意識しています。

情報として発信していなくても、同業の方に会ったら近況報告の中で、「こんな仕事あったら紹介して欲しい」「こんなことをやりたいと思っている」とお互いに伝えていくことで協業できる可能性が広がります。すぐに仕事につながらなくても、「松岡さん、確かこんなこと言っていたな」と思い出していただくことがあるからです。初めて会う方、久しぶりに会う方にも、「今、こんなことしています」「来年は○○に挑戦したい」など、やっていることやりたいことを伝えるようにしています。人のご縁からお仕事につながることが多いからです。

やりたいことがあるなら、それを伝えていくこと、発信していくことが次のステップにつながっていきますよ。

2　転職で大切にしたいことを書き出す

・不満を原動力にしない

私のおよそ30年の仕事人生は、フリーランスが半分、会社員が半分です。今でこそ転職は当たり前になってきましたが、その当時はそこまででもなく、試行錯誤の中いろんな転職方法を経験しました。正社員・契約社員として入社した会社は5社あります。私の転職経験からして痛感していることは、会社や仕事の不満を転職の原動力にしないことです。

イヤだから辞めるというのは、ホンネではあるかもしれません。何か自分の生活には合わない部分があったり、仕事がつまらなかったり、上司に不満があったり、あるいは給料などの条件が見合わない等の理由であっても、それを転職の原動力としてしまうと、なかなか思うように進まないことが多いのです。

4回の転職の中で、一度だけ「イヤだから辞める」を実行してしまったことがあります。以前の上司とはいい関係性ができていて相談もしやすく仕事をスムーズに進めることができたのですが、上司が変わったとたんに仕事量が突然増えてしまいました。新しい上司は、人間的にはいい人でしたが、上からの傘になってくれることがなく、仕事がどんどん降ってくる状況になってしまったのです。その状況がイヤで、私は転職を決意します。

思ったら即行動に移ってしまうのが私の良いところでもありますが、もう少し考えればよかったと思うこともあります。そのときがまさにそうでした。退職してから転職活動に入ったのですが、「すぐ決まるだろう」とタカをくくっていたのです。結局、次の会社への転職までに4か月を要しました。

不満を原動力にしてしまうと、次を探すときの基準がその不満の解消になりがちです。そうすると、会社を選ぶ視野が狭くなってしまいます。そのとき私はすでに30代後半だったので、その年齢ではなかなか求人も少ないということを、後で思い知ります。不満を原動力にしてしまうと、冷静な判断もできなくなることを実感しました。

転職を考えるとき、不満を理由にせず、まずは冷静になることが大切です。

・転職理由はポジティブに

転職のときには、冷静に「なぜ転職をしようと思っているのか？」その原因を書き出します。そこには不満もリストアップされると思います。次に、「今の会社でよかったところ」もリストアップしましょう。今の会社のすべてが気に入らないということではないはずです。いいと思っているところは率直に書き出します。その後、「どういう働き方を望んでいるのか？」を書き出していきましょう。

自宅から通勤45分以内、勤務時間はフレックスタイム、服装自由といった条件でもいいのです。そして「どういう仕事をしたいのか？」も考えてみます。

転職希望のMさんは、小売業に勤めていました。勤務時間が不規則で土日休みがないことを理由に転職を考えていました。残業も多く身体がキツイので、転職したいとのことでした。今のままでは不満点が理由になってしまっています。その現状を基に次のように変換しました。

「平日も自分を磨くための勉強時間や視野を広げるための時間が取れ、家族と過ごす時間を大切にするために土日が休みの会社に転職したい」

言っていることは同じですが、少し表現がポジティブになりますよね。

また、事務職として働いていたNさん。大学卒業時はあまり責任のある立場はできそうにないし、転勤があってもイヤだからと一般職として事務の仕事に就いたのですが、総合職の同期が前向きに働く姿を見ていいなと少しうらやましくなったといいます。一般職がつまらないから辞めたいと、相談に訪れました。

「これまでの経験を基に、もっと創造的な仕事をしたい」とか、「実務経験を積んで少し自信もついたため、責任ある仕事をして成長を実感したい」などのポジティブ表現に変換して、転職スタートです。

転職では人材紹介会社を利用する場合もありますし、直接企業へ応募する場合もあります。どちらにしても面接がありますので、そのとき転職理由は必ず聞かれます。ポジティブな表現で転職理由を伝えられると、前向きな人と思ってもらえてスムーズに進む可能性が広がります。

ぜひ、不満ではなくポジティブな転職理由を考えて欲しいと思います。

3　ネットワークを駆使して情報を集める

・まずは市場価値の情報収集を

転職を考える人は、だいたい最初に人材紹介会社、いわゆるエージェントのサイト等で情報を集め始めます。まずは、自分自身の市場価値を把握していきましょう。よく35歳になると転職できない等の「35歳転職限界説」をいわれることがありますが、実際はそんなことはありません。私は35歳、40歳でも転職ができました。要は、ニーズがあれば転職は可能です。自分のスキルや経験は、転職市場でどのように判断されるのかという情報を集めていきます。

今、希望する仕事に求人があるのか？　どんな会社が求人を出しているのか？　条件は？　といった情報を整理していきます。情報は生き物ですから、日々更新されていきますので、定期的にチェックしていくといいと思います。

転職の求人は時期も大切です。ボーナスをもらった後に退職希望者が出ることもありますので、その時期求人が増えるものです。一度見ただけで「仕事がない」と思わずに、少し長い目でチェックしていきましょう。

ＷＥＢ上で確認できる求人は公開求人です。エージェントは非公開の求人をたくさん持っています。エージェント登録は、一社ではなく複数行うと視野も広がります。登録後面談で、希望を伝えて市場を確認してみましょう。また、最近は転職フェアといった合同企業説明会なども頻繁に行われています。そこでは実際に企業の人事担当者から求人ニーズを聞くことができます。参加企業をチェックして数社回ってみると、どんな人材が求められているのかが把握できます。

まずは動いて情報収集していきましょう。

・ネットワークを活用してみる

転職の際、エージェント任せにしないことも大事なことです。自分の友人・知人といったネットワークも活用してみます。久しぶりに連絡をとったら、自分が希望する業界で働いていたということもあるかもしれませんし、その業界に知り合いがいるという人もいるかもしれません。

昨今は人手不足で思うように人材が採用できないことから、社員の友人・知人を紹介する制度を導入する企業が増えてきています。転職希望者にとっても、友人が働いているという安心感があり、会社を知ってから入社することができるので、マッチングが容易なのがメリットです。社員も友人・知人を会社に紹介すると、報酬が得られるということでした。もしかしたらあなたの友人もそういう企業の社員かもしれませんよ。

また、周囲に転職の意思を伝えていれば、「うちの会社どう?」と声がかかるかもしれませんし、そうならないとしても業界のことを教えてもらうことができます。自分のネットワークは財産です。活用してみると、思わぬ出会いがあるかもしれません。

さらに、WEB上には人を求めている企業を応募の前に訪問できるシステムもありますし、匿名でスキルや経験を投稿しておくと、企業からスカウトがくる機能もあります。

いろんな手法を試すことで、可能性は広がります。ぜひ、行動してみてくださいね。

4　職務経歴書をつくる

・職務経歴書は自分の良さを伝える広告

転職への行動に入るとまずつくるのが、履歴書と職務経歴書です。中途採用では、職務経歴書が一番大切になります。職務経歴書作成や添削のご相談で、多くの書類を見てきましたが、魅力が伝わる書類にするのはなかなか1人では大変です。

職務経歴書は、やってきた仕事の羅列で終わってしまいがちです。確かに経歴は書かれているのですが、どんなレベルでどのくらいのことをしてきたのかといった幅が表現できていないケースがみられます。

職務経歴書は、あなたの仕事の経歴を魅力的に語る広告だと思ってください。これは転職という市場に出るときの大きな武器なのです。経歴を時系列に並べて「できた！」と思わず、まずはそれが相手に伝わるのか？　客観的な視点で他人に読んでもらうといいですね。

私も最後の転職のときに、知人に職務経歴書を見てもらいました。その方は長く企業の人事を経験した人でした。「正直、松岡さんの書類は弱いね。これではいいところは伝わらないよ」と指摘を受けました。そのとき指摘していただいたのは、「いろいろ経験してきたことは想像できるけど、何ができるのか？　得意なのか？　の肝の部分が表現されていない、何でもできますではなくて、これが得意ですということがわかるように書きなおすこと」でした。

採用する側の視点に立てば、確かにその通りです。中途採用の場合、新卒採用と違って明確に配属される部署が想定されて求人が出されています。この仕事を経験している人、このレベルができること、等の企業側の要求が明確なのですから、こちらも経験を明確にしなければマッチングできません。

新卒採用は、職業経験のない若者を企業が数年かけて育てていくことを念頭に採用していますから、「できること」より人柄や熱意といったポテンシャル（可能性）を見て採用されます。しかし、中途採用はたとえ実務経験が２～３年であっても、「何をやってきたか」に加えて「何ができるか」を表現する必要があります。

ぜひ、自分を売り込む武器を強化してください。

・魅力が伝わる職務経歴書の書き方

自分で応募する場合の職務経歴書は、基本的には自由書式です。一方、エージェントを利用する場合はエージェントのフォーマットに則って書く必要があります。

自分で応募する場合の職務経歴書ですが、書き方はいくつかパターンがあります。

① 実務経験が少ない人、異動や転職回数が少ない人

古い経験から始まって、時系列に書く「編年式」という形式が向いています。履歴書と照らし合わせやすいので一番読みやすい形式です。

実務経験が少ない人や異動や転職がなかった人は、職務経験を記入することが少ないので、この形式が一番わかりやすい形式といえます。

② 異動や転職経験がある人、社会人経験が長い人

今現在の仕事から始まって、時間をさかのぼる形で書くスタイルの「逆編年式」で書いてみることをおすすめします。人事担当者が職務経歴書を見るときは、上から目を通します。

例えば、35歳の人であれば新入社員として仕事を始めたばかりの10年以上前の職務経験から書くよりも、今何をやっていて、何ができるかを最初に読んでもらったほうが印象に残りますし、自社が求めている求人に合うか合わないかをすぐに判断することができます。今現在から遡って書いたほうが、効果が高い場合があります。

③　いろんなことをやってきた人

まさに、私はこのパターンです。総務事務に秘書に編集、営業事務、WEBディレクションもプロジェクトマネージャーもなんだかいろんなことを経験してきました。正社員、契約社員、派遣社員、フリーランスといろんな立場で働いてきました。

これを時系列にしても、「なんかいろいろやっているけど、軸がないのかな?」「結局、何がしたいの?　何ができるの?」とネガティブな印象になってしまうのです。

いろんな経験がある人は、その経験ごとにまとめる「キャリア式」をおすすめします。時系列の経験はすでに履歴書に記載済みで確認ができるので、職務経歴書は経験ごとにまとめていきます。「事務経験」「営業経験」など経験別にし、転職先の求人にあった経験を最初に詳細に書いていくことで印象づけていきましょう。

・自分の強みを強調して書く

一度職務経歴書を書くと、同じ職務経歴書をいろんな企業に送付する人がいます。非常にもったいないです。エージェントを利用する場合は、職務経歴書は同じになりますが、アドバイザーから企業に向けて推薦コメントが記入される場合が多いのです。自分で応募する場合はそれがありません。ここは、一社一社、ちゃんとその企業バージョンに書きなおしましょう。

例えば、企業が「主体性のある人」を求めているとしたら、あなたが主体的に関わった仕事の部分を強調して具体的な仕事の内容を書き込みます。相手の求めている人材に、自分がフィットしていることをアピールするのです。

また、強みや実績がわかる工夫も大切です。関わってきた仕事の規模がわかるような数字を入れる、経験からどんな能力が身についたかも記入します。知識や技術だけでなく先に説明したポータブルスキル（移動可能なスキル）も添えておきます。採用担当者に「うちの会社に来てもらったとき、このスキルは発揮してもらえる」と思ってもらえることが大事です。

私が最後に転職したＷＥＢ制作会社では、顧客先に常駐してマネジメントができる人を求めていました。私はそのときすでに40歳ですが、マネージャー経験がありました。さらに幅広い職務経験から業務知識が豊富だったことが、顧客先に行っても顧客対応ができると思われたのではないかと思います。企業が求めていることができるのでは？　と思ってもらえれば、面接の機会につながります。

ぜひ、具体的な表現も入れて「企業が求める力を持っている」と興味をもってもらえるような工夫をして自分をアピールしてくださいね。

5　転職に焦りは禁物、時間をかけて検討する

・腰を据えてじっくり活動する

転職市場には本当にたくさんの求人があります。人材不足の時代ですから、仕事はいくらでもあるのですが、マッチングするのはなかなか難しくて時間がかかります。個人の希望も多様化していることと、企業が正社員に求めることも高度化している部分があります。たくさん求人があるからといって、すぐに次の仕事が見つかるとは限らないのが現状です。

転職活動は3か月～6か月ぐらいかかると見込んでおいたほうがいいと思います。在職中に転職活動するのか、退職後に活動するのかも考える必要があります。

在職中に転職活動するには、仕事をしながら時間をつくってエージェントへの面談に行ったり企業の面接に行かなければなりません。仕事をしながらですから、その分時間もかかります。退職後に転職活動をしたときは、転職活動に専念できるので多くの企業を見ることができ、早く決まる可能性もありますが、生活費を3か月ぐらいはまかなえる経済的なゆとりが大事です。ゆとりがないと、焦りが出てきます。焦る気持ちが高まると「ちょっと希望と違うけど受かったからここで決めよう」と妥協することにつながりかねません。

そこをしっかり考えてから落ち着いて行動していい求人と出会って欲しいと思います。

第6章

明日からのあなたを生きる５のヒント

私達キャリアカウンセラーの基本的な態度は、「答えは相談者の中にある」です。そう、あなたが今悩んでいることの答えは、あなたの中に必ずあります。いきいきと自分らしい人生を生きるための答えは、あなたがすでに持っているのです。

これまで本書で伝えてきたことのまとめとして明日からのヒントを５つお届けします。きっとあなたにステキな未来が見えてくると信じています。

1　悩んでいるときこそ動いてみる

・勇気を持って初めの一歩を踏み出す

多くの相談者がそうなのですが、人はたいてい悩んでいるときは、動けなくなっているものです。それでも何か突破口が欲しいと思って、ネットで検索してくれた人が私のところに相談の依頼を送信してくれるのだと思います。１人で考えていると、その世界から脱することは難しいです。１人で考えたり悩んだりしているとき、自問自答がぐるぐると同じところを回転することになります。悩みに対して、自分の経験と知識しか解決方法を持っていません。

そんなときは、自分の外に何か解決方法がないかを模索してみてください。できれば家族や友人といった関係ではない、客観的な視点を持っている相談先としてキャリアカウンセラーを選んでほしいと思います。

欧米では、問題があれば弁護士に、体調が悪ければホームドクターを訪ねるのと同じように、悩んだらカウンセラーに相談することが比較的容易です。ただ、日本はまだまだ他人に相談することが文化として根づいていない部分があります。知らない人に自分の話をする経験が少ないこともあると思います。

相談依頼を私に送信してくださる方は、初めてキャリアカウンセリングを受ける人がほとんどです。きっと勇気がいったことでしょう。それでも何か悩みの糸口が欲しくて、勇気を持って一歩を踏み出してくれたのだと思います。その一歩が、自分らしい生き方を見出す一歩になるように、誠心誠意お話を聴くようにしています。相談の最後には、「やるべきことがわかりました」「悩みの整理ができました」と言って笑顔でお帰りいただけるように。それが私のミッションだと思っています。ぜひ勇気ある一歩を踏み出してください。きっと何か悩みの解決への突破口が見えると思います。

・頼りになるのは自分の足・目・耳・感覚

悩んでいるときは、視野が狭くなっていることも多いです。悩んでいることに思考がフォーカスされているため、そこから脱却することが難しいのです。視野が狭くなっていると、可能性を考えるゆとりがありません。他者から得たネガティブな情報を鵜呑みにしてしまうこともあります。就職活動であれば、「大手でなければ倒産したりリストラされる」「ＩＴってブラックなんでしょ？」といったステレオタイプな情報に振り回されてしまいます。

視野を広く持って情報を集め、実際に企業の話を聞きに行くといった行動に出ると、自分の思い込みが間違っていることに気づくことができます。「大手でなくてもニッチな市場を開拓して業績を上げている会社があるんだ」と、これまでの認識が１８０度変わることもあります。自分が動いたからこそ、新しい視点が生まれ情報が得られるのです。

悩んでいるときこそ、動いてみましょう。自分の足で動いて、目で見て耳で聞いて感じることが大切です。

転職を考えているなら、企業の人から直接話を聞いてみる。自分の生き方に悩んでいるならカウンセリングを受けてみる。視野を広げたいなら本を読んでみる。セミナーに参加してみる。気分が落ち込んでいるなら自然の中に行ってリフレッシュしてみる。疲れているなら自分のために休息を取る。

主体的に動くことで、刺激が生まれます。刺激を受けることで、気づきがあります。自ら動くことを大切にして欲しいと思います。

2　決める勇気を持つ

・自分の人生は自分で決める

人は毎日何かを選んで生きています。明日は何時に起きようかな？　今日は何を着ようかな？　ランチは何を食べようかな？　その都度、自分に問いかけて決めていると思います。決めるときはいろんな情報を集めています。明日の起きる時間を考えるとき、9時に到着するためには電車に乗る時間を調べて、仕度する時間も考えて少しゆとりをもって7時に起きよう！　という具合です。

日々のことは自分で決めることができるのですが、人生で大きな転機になるようなことはなかなか決められないケースもあります。結婚や転職や転居など、大きな環境変化が伴うことやその後の人生を左右するような出来事には、勇気が必要ですよね。

仕事でもそうです。マネージャーとして仕事していたとき、顧客の要望をやるのかやらないのか？の選択を迫られたことが何度かありました。管理職は選択の機会がとても多いです。「どうしたらいいんだろう?」自分ではなかなか答えが出せずに悩んでいたとき、部下から「要はキメの問題ですよ、やるならやるしやらないならやらないなりのことを考えます」と言われました。

あの瞬間、そうか！　物事は「決めの問題」なのだとわかったのです。「私が決める」その勇気が次の展開を生むことを教えてもらいました。あのときのその部下の一言が私を変えたと思います。そして今の私を創ってくれたと思っています。

自分が歩む道は、自分で決めるんだ。その意識がとても大切だと知りました。

・自分で決めるとプラスがある

人に決定をゆだねてしまえば、決めることをしないので少しラクです。誰かに決めてもらって上手くいかないと、その誰かのせいにすることができるから。自らの責任ではなくなります。

子ども時代は親や先生の意見が大きかったと思います。「こうしたらいいよ」「これをやってみれば」とアドバイスされて動き出すことが多いですよね。それは、まだ未経験なことが多くて知らない事ばかりの子どもだったからです。

でも大人になって自立すると、自分で決める機会が増えていきます。一人暮らしをするときも、家族や不動産屋さんのアドバイスはもらうものの「どこに住もうか？」と自分で考えます。就職をするときも「ここで働きたい」と決めて入社していきます。

自分で決めたことが、もしうまくいかなくてもそれは自分の責任です。責任というとちょっとツライと感じるかもしれませんが、それは考え方だと思います。

「自分であのとき決めたのだからがんばろう！」とポジティブに考えることができます。もしくは、「あのときはこうだと思って決めたけど、次はそれを教訓にして決めよう」と次につなげていくことができます。

自分で決めると必ず何らかのプラスがあるのです。

私自身も、今も日々迷いますし、悩みます。でも、いつも心の中に「要はキメの問題」という言葉があります。自分で決めることで、人生が動き出していきます。自分で決めたことで、自分らしい人生が創れるのだと思います。

ぜひ決める勇気を持って、自分らしい生き方を紡いでいってくださいね。

3　変化を前向きに楽しむ

・変化を感じるアンテナをたてよう

日々の中で、あなたは変化をどのくらい感じているでしょうか。何となく過ごしていると日々の変化は小さいのでなかなか感じられないものです。でも、確実に世の中は動いていて環境は変化しています。

例えば、毎日の通勤電車の中。つい5年ほど前まではみんな「ガラケイ」と呼ばれる携帯電話の小さな画面を見ていましたが、今やスマートフォンが主流です。ベビーカーに乗った小さな子どもでも、タブレットを動かして動画を楽しんでいます。ずいぶん私が子育てした時代とは変わったなぁと感じることができます。

オフィスに行けば、１人１台のＰＣは当たり前です。昔は会社の社員の座席は決まっていましたが、最近はフリーアドレスといって好きな場所で仕事できるオフィスが増えています。それに、移動しなくても人に会える環境が整ってきました。私は日によっては自宅で仕事をすることがありますが、そんなときもメッセージアプリなどを使ってリアルタイムに離れている人とミーティングすることができます。最近は街中でもカフェでもホテルでも、ＷｉＦｉが利用できインターネットに接続するのに困ることはありません。

今、当たり前になっていることも、ちょっと前にはできなかったことが多いのです。そういった変化をキャッチできるアンテナをたてておくことが大切です。

・変化を感じることで時代のニーズをつかむ

変化を感じられる自分でいることができれば、時代のニーズをつかむことができます。仕事においては、どんどん求められることが変わっていきます。

30年前と今では、必要なスキルは大きく変わりました。あまりに前のことで知らない方も多いかもしれませんが、私が社会人になった頃は「ワープロ（ワードプロセッサ）」という機械が出回り始め、それで書類を作成することができるようになりました。それまでは手書きのものを印刷会社に発注して和文タイプという機械でつくってもらっていたのです。私が社会人になったときは、まだワープロは部署に1台。パソコンは高額で必要な部署に数台しか導入されていませんでした。

入社してすぐにワープロでの書類作成が仕事になったのですが、キーボードを打つのに慣れるのが大変でした。そんなとき、先輩が古い英文タイプを貸してくれてタイピングを教えてくれたのです。それで猛特訓した私は入力がものすごく速くなりました。

時代は進んでパソコンが家庭にも入る時代になると、フリーライターとして自宅でパソコンを使って仕事をするようになります。入力スピードが速いので人の何倍もの仕事量を受けることができました。インターネットも早い時期から自宅に導入していきます。パソコンやネットに慣れているということで、ホームページ制作の企画やメールマガジンの発行の仕事が来るようになります。その経験がWEB制作会社で働くことに後々つながっていくのです。

私の仕事上のちょっと長い物語を読んでいただいてありがとうございます。ここでお伝えしたかったのは、時代のニーズを捉えていくことで自分のスキルが古くならずに済んだことと、新しい仕事につながったということです。

これからは、もっと変化のスピードが加速していくと思います。時代の変化をキャッチして、変化を楽しんで、生活や仕事に取り込んでいってください。変化の激しい時代に、健やかに安定して働くためには変化し続ける必要があります。ニーズを捉えて変化を恐れず、前向きに楽しむことで、未来が変わっていきますよ。

4　自分を認めてあげる

・心にいっぱいの栄養を

子どもの頃はほめてもらえることもたくさんあったと思いますが、大人になるとなかなかほめられる機会が減ってきます。社会人になって3年も経てば、仕事はできて当たり前と思われるのでよほど成果を出さないとほめたり認められることが難しくなってきます。

ほめられるとうれしくなるのは人の常です。自分のがんばりを認めてもらえると、とてもうれしいですよね。交流分析という心理学では、これを「ストローク」といいます。

「ストローク」とは、心の栄養素のことです。私達は日々健康を保つために、いろんな栄養を摂取しますよね。それと同じように心にも栄養が必要なのです。人は誰もがストロークを求めています。一番ステキなストロークは、認めることだといいます。

毎日なにげなく交わしているあいさつ。それは相手を認識したから、「おはよう」という言葉が自然と出るのです。認識していなければ言葉はでません。相手を認めたから「おはよう」と声をかけます。とても単純なことかもしれませんが、関心のない人にあいさつはしないのです。愛の反対は無関心だといいます。関心があることは愛情の現れです。

認めるというのは、それだけでパワーがあるということだと思います。

ただ、大人になると自分が欲しいタイミングで認めてもらうことがなかなか難しい。だから心が少し疲れたときは、自分で自分の心に栄養を与えてあげてください。たくさん自分を認めてあげることで、ストロークが貯まっていきます。心に栄養が増えれば、また元気になれるのです。

・小さなことでも日々認めてあげよう

私はよく「ポジティブですね」と言われますが、それは私の心が元気だからだと思います。心が元気でいるために、毎日小さなことでも「自分を認める」ことを続けています。

「今日はがんばった！」「予定通りに仕事が進んだ！　すごい！」「あの発言はよかった！」「笑顔で1日が過ごせた！」「私ってすごい！」

本当に他人から見ればどうでもいいことだったり、ほめるほどのことでもないことばかりです。中には何が根拠だかわからないものもあります。でも、自分が自分に言ってあげるのですから、それでいいと思っています。他者との比較はしません。あくまで自分の中で、日々の小さな「できた！」「やった！」「やりきった！」という感覚を大事にしています。

毎日、それを1つ以上。何か自分に心の中で言ってあげます。疲れていてもそれでちょっと元気になることができます。言葉ではなく、何かごほうびでもいいと思います。「今日はがんばったからちょっと高級なアイスを食べよう！」とか、「今年は大きな仕事をやり遂げたから、海外旅行をプレゼント」とか。

毎日がんばって生きている自分を認めてあげて、自分にストロークをあげることで、心が満たされて元気になり、前を向いてまた明日もがんばろう！と思えるようになっていくのです。

・ストロークで周りも元気に

そんなストロークのパワーを感じたら、ぜひ周りの人にもたくさん与えてあげてください。ほんのちょっとしたことでも、「すごいね」「いいね」とちゃんと伝えてあげます。誰かから認めてもらえると、うれしいという気持ちを周りの人にも与えてあげましょう。

ストロークを受けた人は、誰かにまたストロークをあげるようになります。ストロークを交換できるようになって、いいコミュニケーションができ、関係性がよくなっていきます。職場の雰囲気も徐々によくなっていきますよ。そうすると、仕事がやりやすくなって成果も上がるようになり、楽しくなっていきます。

「そんな簡単にいくわけない」と思いますか？　だまされたと思ってやってみてください。1回で劇的に変わることはないかもしれませんが、日々積み重ねることで変化はあるはずです。ストロークは心の栄養素ですから、身体に栄養を入れるときと同じです。ビタミンやミネラルが身体にいいからと食事に入れたからといってすぐに変化は起こらないですよね。でも長く意識して摂取していけば身体は元気になってくると思います。

毎日ちょっとしたことでもいいから自分を認めてあげることで、心を元気に保つこと。そして、周りの人にもちょっとしたストロークをプレゼントして認めてあげること。それがまた自分に返ってくるのです。

自分のダメなところやできないことばかりを数えて暮らすのではなく、いいところをいっぱい認めてあげましょう。

5　今のあなたが未来のあなたを創る

・自分らしさの素は過去にある

キャリアのお話をするとき、「過去の自分が今の自分を創り、今の自分が未来の自分を創る」ことを必ずお伝えしています。今の自分は過去の自分で構成されています。そして、未来は今の自分が創っていくのです。それは、みんな同じです。

私という人間は、生まれたときは家族の環境に大きく影響を受けて育ちましたし、学校に通うようになるとそこで出会った友人にも影響を受けています。そして働くようになると、与えられた仕事の経験や自分で学んで挑戦してきたことで幅が広がっていきました。そして今でも友人や知人・仲間や先をいく先輩から多くの刺激を受けて、今の私がいます。

もちろんできないこともたくさんあります。仕事上でも、私よりずっとずっとステキな人はいっぱいいますし、プライベートでいえばもっといい母親でいてあげたかったなぁ〜と思ったりすることもあります。

それでも、今、ここに生きています。

今、ここにいる私は、過去の私が日々を生きてきた証です。そこには、その時々に何かを選んで何かを決めて何かに動いて何かを感じてきた自分がいます。それが私のキャリアであり「自分らしさ」の素です。

自分らしい人生とは何かを考えるとき、必ず過去にそのヒントがあります。

本書で行った自己分析を参考に、「自分らしさ」とは何か？　を探ってみてください。「自分らしさってこういうことかな」ということがはっきり見えないときは、「どういうときが自然な自分か？」を考えてみるといいと思います。誰かに合わせた人生を生きていると、常に自分のことを後回しにしているので、それが見えにくくなります。自分が一番自然だと感じるときが、きっと「自分らしいとき」です。その瞬間を探してほしいと思います。

過去を否定してしまうと、過去からなりたっている自分を否定してしまうことにつながりかねません。できなかったこともできたことも含めて、今の自分がいることを認めてあげてくださいね。

・自分らしい人生を創る

時間は、過去には流れていきません。未来に向かって流れていきます。「あのときこうしておけばよかった」といった後悔はあっても、タイムマシンはまだないのでそれをやり直しにいくことはできません。

変えていけるのは、今この瞬間の自分自身です。

自分らしい人生を生きるために、今、あなたがあなたのためにできることは何でしょう？　それを考えるだけで、もう「自分らしい人生」のスタートを切っています。考えるということは変化を期待していることだからです。人生の時間を、誰と一緒に過ごすのか？　どんな仕事をするのか？　どんな気持ちで毎日を過ごすのか？　そういうことを節目ごとに立ち止まって考えてデザインして欲しいと思っています。

考えた未来が、実現ができるかどうかは考えた後の話です。できない、できるはずないと思えば、人は動きませんから当然できません。でももしできるとしたらどうする？　何を始める？　と考えるから、不可能が可能に近づいていきます。未来に向けて「こうありたいな」と思ったとき、その道筋が見えてくるのです。その道を歩くための手段や情報が集まり始めます。そして前に一歩、足を踏み出してみるのです。

ぜひ、わくわくした気持ちでキャリアデザインをして欲しいと思います。自分らしい人生をあなたの手で紡いでいきましょう！

あとがき

本書を手に取っていただいた方は、何か人生に少し不安や迷いをお持ちの方なのではないかと思っています。自分らしい人生の創り方なんて、学校でも教えてくれませんし、変化の激しい時代ですからこの先の生き方のロールモデルとなる人が見当たらなくて、とまどっている方も多いのではないでしょうか。本書が、自分らしい人生の生き方や働き方を含めたキャリアを考えるヒントになっていたら、とてもうれしく感じます。

私がキャリアカウンセラーとして独立するきっかけになったのは、管理職として働いた経験からでした。34歳〜44歳の10年間に2社でマネジメントを経験しています。マネジメントとして若いメンバーの悩む姿を見て、彼らのキャリアを応援したいという想いがフツフツと湧いてきました。私自身も悩んだりときに道に迷ったりしながら生きてきましたが、特に30歳前後の社員が、情報があふれる時代になっても、私がそうだったように同じように悩んでいて、多くのメンバーから仕事や人生についての相談を受けました。そんな日々の中、もしかしたら私でも何か支援できることがあるのではないかと考えてキャリアを学び始めました。

私の独立とともに、2人の娘が次々に大学を出て就職していったことで、今の就職活動の現状や若手社員の悩みに親の視点からも触れたことが、「働く人を応援したい」という想いをさらに強くしたと考えています。

キャリアカウンセラーとなり、大学生の就職支援や企業の若手支援・働く女性支援に対しカウンセリングや研修講師として携わってきました。個別のキャリアカウンセリングには、30歳前後の女性の方からのご依頼が多く、結婚や出産といったライフイベントも重なる時期で、働くことと生活の両立に悩んでいるお話も多くうかがいました。そんな人へのヒントになるように、これまで公私ともにいろんな悩みをご相談いただいた方々の姿を思い浮かべながら、本書を執筆しました。

やりたいことがわからない、このままでいいのかな、どうしたらいいのだろう？　生きる上で働くことや生活への不安を感じたときこそ、立ち止まって自分自身をみつめてもらいたいと思います。今ここにいる自分は、過去の自分の積み重ねであり、未来を創るのは今の自分です。本書を読み進めながら過去の振り返りができるように、自己分析のワークを用意しました。少し肩の力を抜いて、自身の振り返りに活用していただければと思っています。

また、2人の娘を育てながら働いてきた経験から両立のヒントにも触れました。本書を書きながら子育てをしていた頃の自分を思い出しました。今振り返ると日々仕事と生活に夢中で、まるで嵐のように過ぎ去った時間だったと感じました。今、子育てと仕事を両立している方に、参考にしていただけることがあるといいなと思います。

私自身は、少しばかり波乱万丈な人生を生きてきました。それは親の病気だったり死だったり、それによる経済的な苦しさだったり、度重なる転居だったりと子どもの頃は比較的ネガティブな事柄が多くありました。だからこそ人生はどんなことが起こるかわからないもの、自立して生きていける力が必要なのだと、かなり幼い頃から心に決めていたように思います。特に専業主婦だった母が、父の死後大変な苦労をして子どもを育てる様を目の当たりにしてきました。女性でも自分の強みを見つけて、働けること。そして生活力をつけること。それが人生では大事なことだと社会に出る前から考えていました。この経験がきっと根底にあり、「自分らしさ」を大切に働くこと、生きていくことへのこだわりが強いのかもしれません。

「自分らしく、いきいきと」自分の人生を自分でプロデュースする。それが人生後半の私のテーマでもあります。働くひとのキャリアを支援することで、これからの未来を生きる世代の方々に、自分らしく人生の時間を過ごしてもらえたらと思っています。

また、転機の多い人生の中で多くの人に出会いました。たくさんの人に助けてもらって、今の私がいます。人は1人で生きているのではないのだなとつくづく感じています。とてもありがたいことですし、本当に感謝しています。こんなにたくさんの人が地球上に住んでいる中で、私と出会った方々がどんなに貴重かを考えないではいられません。友人や仲間、家族はもちろんですが、ほんの少しの時間を共にした人ですら、私にたくさんの気づきや生きる勇気をくれました。

だからこそ、人に感謝し恩返ししたい気持ちがとても強くあります。キャリアカウンセラーとして、誰かの何かの役に立てたら・・・とてもうれしいです。

本書には私自身の経験も失敗したこともたくさん書きました。多少恥ずかしい部分はありますが、そんな私でも、今ここに生きていることが伝わればと思っています。そしてそうはならないと反面教師にしてもらえればと思っています。

人生の時間は有限です。しかも終わりがわかりません。40年後かもしれないし、明日かもしれない。そう思うと、毎日の時間を自分らしくいきいきと大切に過ごすことを重ねていきたいと思っています。働いている時間も、1人の時間も、誰かと一緒の時間も、生活の時間も、かけがえのない時間です。それが積み重なって、その人のキャリアが創られていきます。

働き方改革や女性活躍推進など、これからの人口減少・少子高齢化・生産年齢人口の減少を踏まえて国も動き始めています。制度ができても、一般に浸透していくのはまだまだ時間がかかるのではないかと思います。それでも、働くひとの日々は続いていきます。

本書を手に取ってくださった方の、自分らしくいきいきとした人生の時間にお役に立てていたら幸いです。

最後に、本書の執筆のお話を須賀柾晶さんにいただいたときは、こんな偶然の出来事があるのかととても驚きました。機会をいただきありがとうございました。また、これまでいろんなお仕事でご一緒したり、関わりのあった方々のおかげで、今キャリアカウンセラーとして活動できる私がいます。とても感謝しています。そして、いつも応援してくれる友人や仲間、家族が私の生きる支えになっています。いつもありがとう。

松岡　澄江

参考文献

「キャリアデザイン入門　Ⅰ・Ⅱ」　大久保幸夫著（日本経済新聞出版社　日経文庫　２００６年）
「働くひとのためのキャリア・デザイン」　金井壽宏著（ＰＨＰ選書　２００２年）
「自分らしいキャリアのつくり方」　高橋俊介著（ＰＨＰ選書　２００９年）
「「やりたい仕事」病」　榎本博明著（日本経済新聞出版社　日経プレミアシリーズ　２０１２年）
「ＬＩＦＥ　ＳＨＩＦＴ　ライフシフト　１００年時代の人生戦略」　リンダ・グラットン／アンドリュー・スコット著　（東洋経済新報社２０１６年）
「その幸運は偶然ではないんです！」　Ｊ．Ｄ．クランボルツ／Ａ．Ｓ．レヴィン著（ダイヤモンド社２００５年）
「新版キャリアの心理学」　渡辺三枝子編著（ナカニシヤ出版　２００７年）
「働くひとの心理学」　岡田昌毅著（ナカニシヤ出版　２０１３年）
「キャリアカウンセリング」　宮城まり子（駿河台出版社　２００２年）
「働き方の哲学」　村山昇著（ディスカバー・トゥエンティワン　２０１８年）
「最新交流分析入門」　イアン・スチュアート／バン・ジョインズ著（実務教育出版　１９９１年）

著者略歴

松岡　澄江（まつおか　すみえ）

1966年生まれ。東京都在住。国家資格キャリアコンサルタント／日本キャリア開発協会認定CDA
株式会社キャリアポート代表取締役。業界新聞社勤務後、フリーライターとして幅広く取材執筆活動に携わる。その後正社員に復帰し管理職として部下を持ったことがきっかけで、働く社員の成長やキャリアを支援したいと、キャリアカウンセリングを学び2010年キャリアカウンセラーとして独立。現在は就職支援・転職相談、企業内カウンセリング、企業研修（キャリアデザイン・コーチング・部下指導、仕事の仕方等）を通して働く人のキャリアを支援している。娘2人。
ブログ：https://ameblo.jp/career-life/
本文イラスト＝咲　ちひろ

自分らしい人生のための働き方・生き方
—充実したキャリアを叶える50のヒント

2018年9月14日　初版発行

著　者　松岡　澄江 ©Sumie Matsuoka
発行人　森　忠順
発行所　株式会社 セルバ出版
〒113-0034
東京都文京区湯島1丁目12番6号 高関ビル5B
☎03（5812）1178　FAX 03（5812）1188
https://seluba.co.jp/
発　売　株式会社 創英社／三省堂書店
〒101-0051
東京都千代田区神田神保町1丁目1番地
☎03（3291）2295　FAX 03（3292）7687

印刷・製本　モリモト印刷株式会社

Printed in JAPAN
ISBN978-4-86367-452-3